ubu

DESOBEDECER
FRÉDÉRIC GROS

Tradução CÉLIA EUVALDO

9	Nós aceitamos o inaceitável
20	1. A inversão das monstruosidades
38	2. Da submissão à rebelião
48	3. Superobediência
65	4. Da subordinação ao direito de resistência
78	5. Filha de Édipo
93	6. Do conformismo à transgressão
110	7. O ano de 1961
131	8. Do consentimento à desobediência civil
146	9. A caminhada de Thoreau
160	10. Dissidência cívica
171	11. A obrigação ética
186	12. A responsabilidade sem limites
199	13. Pensar, desobedecer. Remetendo à *República*
214	A humanidade nos desloca
218	*Sobre o autor*
219	*Índice onomástico*

A Gérard Mordillat, fraternalmente

NÓS ACEITAMOS O INACEITÁVEL

Os monstros existem, mas são muito pouco numerosos para ser realmente perigosos; mais perigosos são os homens comuns, os funcionários dispostos a acreditar e obedecer sem discutir.

PRIMO LEVI

Tomo emprestado, como ponto de partida – paradoxal –, a provocação de Howard Zinn:[1] o problema não é a desobediência, o problema é a obediência.[2] Ao que faz eco a frase de Wilhelm Reich: "A verdadeira questão não é a de saber por que as pessoas se revoltam, mas por que não se revoltam".[3]

As razões para não aceitar mais o estado atual do mundo, seu curso catastrófico, são quase demasiado numerosas. Detalhá-las todas resultaria numa litania de desastres.

Destacarei aqui apenas três ou quatro fortes motivos que há muito tempo deveriam ter suscitado nossa desobediência e provocá-la ainda hoje, pois só fazem agravar-se.

1. "A desobediência civil não é nosso problema. Nosso problema é a obediência civil. Nosso problema são as pessoas que obedecem aos ditames impostos pelos dirigentes de seus governos e que, portanto, apoiaram guerras. Milhões de pessoas foram mortas por causa dessa obediência. Nosso problema é a obediência das pessoas quando a pobreza, a fome, a estupidez, a guerra e a crueldade assolam o mundo. Nosso problema é que as pessoas sejam obedientes enquanto as prisões estão cheias de ladrõezinhos e que os grandes bandidos estão no comando do país. Esse é o nosso problema", excerto de um discurso pronunciado em 1970, por ocasião de um debate sobre a desobediência civil, republicado em *Violence: The Crisis of American Confidence* (Baltimore: Johns Hopkins University Press, 1972).
2. Este ensaio inspira-se em cursos ministrados no Collège Universitaire de Sciences Po, em Paris. Agradeço aos estudantes por sua escuta crítica. Ele se propõe como uma primeira contribuição às "Humanidades políticas". Agradeço também a Hélène Monsacré, Amandine Chevreau e Gérard de Cortanze pela competência, vigilância e benevolência que me foram preciosas para sua escrita.
3. Citado por David Hiez e Bruno Villalba, "Réinterroger la désobéissance civile", in *La Désobéissance civile: Approches politique et juridique*. Villeneuve d'Ascq: Presses Universitaires du Septentrion, 2008, p. 11.

No entanto, nada acontece, ninguém ou quase ninguém se levanta.

O primeiro é, obviamente, o aprofundamento das injustiças sociais, das desigualdades de fortuna. O anúncio de Marx (a pauperização absoluta) concretiza-se cada vez mais,[4] como se a globalização tivesse finalmente permitido, depois dos bloqueios do nacionalismo econômico, o desdobramento em toda a sua extensão de um capitalismo desenfreado, total, radical, cuja consequência atual é a constituição de uma elite riquíssima, uma minoria de superalimentados até o limite da morte, sufocando sob o peso de sua fortuna, ante os 99% de despossuídos, arrastando sua dívida ou sua miséria como podem. As espirais estritamente complementares de empobrecimento das classes médias e de enriquecimento exponencial de uma minoria estão em vigor, multiplicadas pelas novas tecnologias que anulam os efeitos de retardamento, de "atrito"[5] que, até então, mantinham equilíbrios razoáveis. O processo se acelera, ganha impulso. A racionalidade atuarial, a dos "seguros" (o cálculo frio dos riscos), impõe que se cobre caro daqueles que não têm dinheiro. Ela tem para si uma evidência aritmética glacial que, a custos baixos, lava a alma dos que decidem sobre a economia, de todos aqueles que, tendo em mãos a lista do próximo furgão de demitidos, podem dizer, com ar penetrado de condescendência humilhante: "Vocês querem o quê? É muito triste, mas números são números, e não se vai contra a realidade dos números".

4. Bernard Maris, *Marx, ô Marx, pourquoi m'as-tu abandonné?* Paris: Flammarion, 2012, p. xi.
5. Este é um termo que tomo de empréstimo a Henry David Thoreau em *A desobediência civil* [1849], trad. José Geraldo Couto. São Paulo: Penguin & Companhia das Letras, 2012. Ver sobre esse texto o capítulo 9, "A caminhada de Thoreau", Thoreau também fala de "fricção".

Acontece que a "realidade" dos números é inencontrável fora de sua base na boa consciência dos que decidem.[6] Ou melhor, não: a realidade dos números é a dos *efeitos de realidade* produzidos, efeitos duros e terríveis. Quando as equações são adotadas como fonte de autoridade, as tabelas de Excel como vozes de oráculos ante as quais abaixamos respeitosamente a cabeça, alavanca das decisões, então os desesperos sociais, as misérias de fins de mês, os rebaixamentos de classe social, as ruínas são previamente justificados. E tudo isso ocorre "em conformidade" com a lei de ferro da economia, com a "realidade" incontornável das equações: números são números.

Que realidade? Não aquela, sufocada, das solidariedades interindividuais, do sentido elementar de justiça, do ideal de compartilhamento. Não a espessura das realidades humanas, que os dirigentes – os "responsáveis", como se diz, sem dúvida por ironia –, num misto de indiferença e cálculo, esquecem, dissimulam, escondem para eles próprios por trás do anteparo de suas estatísticas impressas em papel brilhante.

E que lei "superior"? A única coisa que vejo, sobretudo, é uma ganância descarada. Onde está a providência que eles invocam? E a necessidade imprescindível? Compreendo que as autoridades de poder e de dinheiro possam, quando têm a ocasião, dar testemunho de sua fé. Vendo a piedade que os dirigentes de empresas demonstram, acreditei por muito tempo na hipocrisia. Mas não. O cinismo chegou a um grau superior, quase etéreo, em que não se distingue da sinceridade. Pois as leis da economia e os decretos de Deus se assemelham, pairando nessa

---

6. Ou é essa realidade autista dos matemáticos cuja validade é implacável, posto que estritamente interna – tautológica, teria dito Ludwig Wittgenstein. Ver seu *Tractatus logico-philosophicus* [1921], trad. Luiz Henrique Lopes dos Santos. São Paulo: Edusp, 2017.

transcendência que os faz confundirem-se, propagando uma inelutabilidade que "se impõe" a todos sem exceção, como o tempo que está fazendo e a morte que virá. E isso a um ponto tal que, ao se ver imensamente privilegiado, beneficiário da ordem do mundo – diante da massa cujo destino agora é tão somente *sobreviver* –, o sujeito se tornaria quase humilde. Em que ele se diz que tanta insensatez – essa monstruosidade demente das desigualdades – deve ter uma explicação superior, ao menos teológico-matemática, e seria apenas superficial. É exatamente essa a função atroz da introdução do formalismo matemático na economia: inocentar aquele que colhe os benefícios. Não, ele não é o canalha especulador que arruína a humanidade, mas o humilde servidor de leis cujas soberania e complexidade escapam ao comum dos mortais. Ouço a voz desses executivos super-remunerados, desses esportistas milionários. Eles tranquilizam sua consciência alegando: "Mas, afinal, não fui eu que exigi essas gratificações exorbitantes, elas me foram oferecidas! Eu devo valer tudo isso". Vá dizer então aos trabalhadores superexplorados que têm o salário que merecem e que são sub--remunerados porque são sub-homens.

O duplo processo de enriquecimento dos ricos e de empobrecimento dos pobres leva ao desmoronamento progressivo da classe média.[7] A arrogância ou o desespero: existe cada vez menos realidade intermediária entre os que, de sua poltrona acolchoada, exigem a majoração máxima de suas ações e aqueles aos quais se impõe a diminuição desses salários que logo serão insuficientes, não digo nem para viver, mas para pagar suas dívidas. A vida é o pouquíssimo que sobra depois que se pagou aos bancos. As mais elementares regras de solidariedade desinte-

---

7. Louis Chauvel, *La Spirale du déclassement*. Paris: Seuil, 2016.

gram-se. A realidade humana se dissolve e, nos salões dourados dos dirigentes levemente pensativos e refestelados, só restam Deus e as equações, enquanto no outro mundo disputam-se as migalhas. Com o desaparecimento da classe média, é a existência de um mundo comum que se perde – uma vez que os ideais de utilidade geral, de bem público, sempre tiveram como função preservar a consistência de uma classe média que impunha limites à extrema miséria e à extrema riqueza e constituía, como escrevia há mais de vinte séculos Eurípides, em *As suplicantes*, a possibilidade mesma da democracia.[8]

No entanto, a fratura ainda não atiça excessivamente o ódio político do povo contra os ricos. Ela se difrata numa série indefinida de divisões internas. Porque a condição dos mais abastados suscita sobretudo a paixão amarga de parecer com eles, porque o orgulho de ser pobre, alimentado pela esperança de revanches futuras, deu lugar a uma vergonha agressiva, porque a mensagem veiculada por toda parte é que só tem sentido viver se for no consumo desenfreado, deixando-se aspirar pelo presente numa fruição fácil. Por essas e outras razões, a cólera justa de uma maioria explorada contra a minoria entra em curto-circuito e é redistribuída em ódio dos pequenos exploradores e medo dos pequenos delinquentes.

A velocidade de enriquecimento dos endinheirados aumenta, a espiral do rebaixamento de classe se acelera. A riqueza dos poderosos desafia a imaginação, e a angústia do que antes se chamavam os "fins de mês" – mas hoje são os dez, os vinte próximos anos que estão penhorados – não é representável nas classes altas que só se sobressaltam com as *variações* de seus lucros imensos.

---

[8]. São os versos 238 a 245, nos quais Eurípides mostra que é a classe média (*hê en mesôi*) que promove a salvação das cidades (*sôizei poleis*).

Falar de "injustiça" tornou-se obsoleto. Estamos na era da indecência. As remunerações dos executivos de grandes empresas, os salários dos esportistas ultramidiáticos, os cachês dos artistas tornaram-se *obscenos*. As desigualdades chegaram ao ponto em que só a hipótese de *duas humanidades* poderia justificá-las.

O segundo intolerável de nosso mundo atual é a degradação progressiva do meio ambiente. O ar, o solo e seus "produtos", a vegetação: tudo está poluído, imundo, até o sufocamento. A Natureza, no entanto, desde sempre se definiu por sua capacidade de renovação, de repetição do Mesmo. Dizíamos: as produções culturais se deterioram, envelhecem e morrem; a Natureza, ao contrário, é uma Primavera essencial. Tudo, sempre, recomeça. Eterna repetição do Mesmo, incessante recomeço, reaparecimento mágico das mesmas formas, frescor inalterado. O coro de *Antígona* cantava "a Terra infatigável" (verso 339). Pois bem, a Terra fatigou, o século XXI será o do esgotamento e do deserto. A humanidade coloca à Natureza a questão de seus limites. Fecundidade das terras extenuada, recursos exauridos, estoques esgotados.

Hans Jonas havia proposto a questão do irreversível em seu *O princípio responsabilidade*.[9] Tratava-se de dizer que, durante séculos, nós, frágeis mortais, nos protegemos da Natureza pela técnica. Mas nossas capacidades técnicas evoluíram a tal ponto que agora afetam não mais as características externas do vivente, mas a própria base vital – o caso exemplar seriam as modificações genéticas. Por meio de nossas intervenções técnicas, introduzimos alterações irreversíveis e brincamos de aprendizes de feiticeiros. A Natureza aparece, pela primeira vez, vulnerável. Durante séculos, tentamos nos proteger da Natureza

---

9. *Le Principe responsabilité* [1970], trad. J. Greisch. Paris: Flammarion, 2013 [*O princípio responsabilidade*, trad. Marijane Lisboa e Luiz Barros Montez. Rio de Janeiro: Contraponto/Editora PUC Rio, 2015].

pela técnica. Doravante, é a Natureza que será preciso proteger da técnica. Mas hoje, quase meio século depois das análises de Jonas, a questão já não é a alteração da Natureza, mas sim sua *sufocação*: as condições da "renovação" das espécies vivas e dos recursos minerais já não estão reunidas, o ciclo do renascimento se rompeu. O que ameaça é o fim das primaveras.

O último inaceitável, abrangendo sem dúvida os dois primeiros e imprimindo-lhes um movimento de espiral, gira em torno do processo contemporâneo de criação das riquezas. O que chamamos "capitalismo" é difuso, complexo, proteiforme. O fato é que, entre a sistematização da participação acionária dos operários, a importância da especulação financeira, o princípio generalizado do endividamento e as acelerações propiciadas pelas novas tecnologias, foi um novo capitalismo que se impôs há várias décadas: um modo de criação das riquezas pela dívida e pela especulação que desqualifica o trabalho (o salário é bom para os pobres), extenua as forças e o tempo. Não é exatamente que nos precipitemos *rumo* ao abismo – e ainda menos a um muro –; o próprio abismo *é* essa precipitação. O enriquecimento se faz em detrimento da humanidade futura.

Este mundo, com suas desigualdades abissais, o colapso de seus fundamentos naturais, sua disparada suicida, este mundo que estamos deixando como um legado nauseabundo às gerações futuras é o nosso. E quando digo "nosso", não é só para dizer hoje em relação a ontem. Digo "nosso" para dizer: o mundo que construímos, e aceitamos que fosse edificado, já há várias décadas, o mundo em todo caso que deixaremos àqueles que virão depois de nós. Eles nos considerarão de um egoísmo demente, de uma irresponsabilidade mortal.

      E por que não dissemos nada, por que, diante da iminência da catástrofe, ainda ficamos hoje de braços cruzados e com os olhos, nem digo resignados, mas tentando desviá--los para outro lado? Por que deixamos a coisa correr, por que nos comportamos como espectadores do desastre? Este livro propõe a questão da desobediência *a partir da questão da obediência*, posto que a desobediência, ante o absurdo, a irracionalidade do mundo em seu estado atual, é a evidência. Ela exige poucas explicações. Por que desobedecer? Basta abrir os olhos. A desobediência é mesmo a tal ponto justificada, normal, natural, que o que choca é a ausência de reação, a passividade.

Por que obedecemos e, sobretudo: como obedecemos? Precisamos de uma estilística da obediência que, só ela, poderá nos inspirar uma estilística da desobediência. Redefinir a diferença entre a submissão, o consentimento, o conformismo etc.; fazer distinções entre o direito de resistência, a objeção de consciência, a rebelião etc.

As críticas da democracia foram objeto de inúmeros estudos.[10] Este livro defende a ideia de uma *democracia crítica*. A democracia é algo muito diferente de uma forma institucional caracterizada por "boas" práticas ou procedimentos, inspirada pela defesa das liberdades, a aceitação da pluralidade, o respeito pelas disposições majoritárias. Mesmo se ela *deve ser isso*, a democracia designa também uma tensão ética no íntimo de cada pessoa, a exigência de reinterrogar a política, a ação pública, o curso do mundo a partir de um *si político* que contém um princípio de justiça universal e, sobretudo, não é a simples "imagem pública" de si, em oposição ao eu interno. É preciso parar de confundir o público e o exterior. O si público é nossa intimidade política. É, em nós, poder de juízo, capacidade de pensar, faculdade crítica. É com

---

10. Ver o excelente *Critiques de la démocratie*, de Jean-Marie Donegani e Marc Sadoun. Paris: PUF, 2012.

base nesse ponto em nós que nasce a recusa das evidências consensuais, dos conformismos sociais, das ideias pré-fabricadas.[11] Esse recurso ao si político, no entanto, será inútil, improdutivo, se não for sustentado por um coletivo, se não se articular sobre uma ação de conjunto, decidida em comum acordo, portadora de um projeto de futuro. Mas, sem ele, os movimentos de desobediência correm o risco constante de instrumentalização, de aliciamento, de sufocamento sob as palavras de ordem e a mudança dos chefes. Esse movimento por meio do qual o sujeito político se descobre em estado de desobedecer é o que chamaremos de "dissidência cívica".

A insurreição não se decide. Apodera-se de um coletivo, quando a capacidade de desobedecer juntos volta a ser sensível, contagiosa, quando a experiência do intolerável se adensa até se tornar uma evidência social. Supõe a experiência prévia compartilhada – mas que ninguém se pode dispensar de viver em, por e para si mesmo – de uma dissidência cívica e de seu apelo. Desde Sócrates ("Cuida de ti mesmo!") e desde Kant ("Ouse saber!"), ela é também o regime filosófico do pensamento, sua interioridade intempestiva.

Numa época em que as decisões dos "especialistas" se orgulham de ser o resultado de estatísticas anônimas e insensíveis, desobedecer é uma declaração de humanidade.

Este livro não tem por objeto os movimentos sociais atuais, na diversidade de suas formas (lutas sociais, movimentos de deso-

---

11. Nesse sentido, a democracia crítica não é um regime político entre outros, é a estruturação ética do sujeito político. Designa a possibilidade, aberta e estrutural em cada um, de desobedecer ao outro, aos outros, ao Estado e às instituições, a partir de uma dobra irredutível a qualquer psicologia do eu individual, a qualquer metafísica da alma.

bediência civil, constituição de ZADS [zonas a defender], lançadores de alerta, contestações públicas da lei, chamadas à insurreição) e de suas motivações (defesa do meio ambiente, justiça social, reconhecimentos simbólicos, proteção das minorias, respeito pela dignidade das pessoas).[12] Não os ignora, mas quer apenas, preliminarmente ao estrondo efetivo das revoltas, compreender até que ponto desobedecer pode ser uma vitória sobre si, uma vitória contra o conformismo generalizado e a inércia do mundo. Este livro gostaria de compreender, interrogando as condições éticas do sujeito político, por que é tão fácil chegar a um acordo sobre o desespero da ordem atual do mundo, mas tão difícil desobedecer-lhe.

---

12. Ver, entre uma centena de outros, e numa perspectiva mais circunscrita e diferente da adotada aqui: Sandra Laugier & Albert Ogien, *Pourquoi désobéir en démocracie?* Paris: La Découverte, 2011; Guillaume Le Blanc, *La Philosophie comme contre-culture*. Paris: PUF, 2014; Geoffroy de Lagasnerie, *L'Art de la révolte*. Paris: Fayard, 2015; Manuel Cervera-Marzal, *Les Nouveaux désobéissants*. Lormont: Éditions Le Bord de l'Eau, 2016.

I.
A INVERSÃO DAS MONSTRUOSIDADES

Quero situar esta reflexão sobre a desobediência, a título de abertura, sob o horizonte que projeta um "poema" fantástico, inspirado em vapores de álcool.

Quero falar, em *Os irmãos Karamázov*, de Dostoiévski, da história que Ivan apresenta, numa taverna, a seu irmão Aliócha.[1] Essa "lenda" – Dostoiévski dizia que era o ponto culminante de intensidade de seu romance – causou estupefação. Hannah Arendt[2] e Albert Camus[3] (ou Carl Schmitt, numa perspectiva evidentemente diferente)[4] a receberam como uma importante provocação dirigida ao pensamento político, ou, até mesmo, a um abismo. Reconstituo aqui, de uma forma um pouco livre, uma trama desse episódio.

O poema de Ivan conta a volta de Cristo entre nós. Essa volta é prometida pela doutrina; ela a anuncia como sinal do fim dos tempos. O *Apocalipse* de João promete que ele voltará para encerrar a história do mundo. Ele se sentará num trono majestoso, de brancura e transparência esplendorosas. Procederá, diante da humanidade, ressuscitada, toda reunida, à divisão entre condenados aos sofrimentos eternos e eleitos destinados a imergir na presença bem-aventurada e total.

---

1. Trata-se do capítulo V, livro V, da segunda parte [*Os irmãos Karamázov*, trad. Paulo Bezerra. São Paulo: Editora 34, 2012]. Ver também a edição da narrativa comentada por K. Leontiev, V. Soloviev, V. Rozanov, S. Bulgakov, N. Berdiaev e S. Frank, *La Légende du Grand Inquisiteur de Dostoïevski*, trad. L. Jurgenson. Lausanne: L'Âge d'Homme, 2004.
2. Ela o evoca no capítulo "A questão social" de seu ensaio *Sobre a revolução*, trad. Denise Bottmann. São Paulo: Companhia das Letras, 2011, pp. 92-157.
3. Está presente em *L'Homme revolté*. Paris: Gallimard, 1951 [*O homem revoltado*, trad. Valerie Rumjanek. Rio de Janeiro: Record, 2017].
4. "O Grande Inquisidor evidentemente tem razão", dizia ele. Para uma apresentação mais completa, Théodore Paléologue, *Sous l'œil du grand Inquisiteur: Carl Schmitt et l'héritage de la théologie politique*. Paris: Le Cerf, 2004.

No relato de Ivan, Cristo volta, mas poderíamos quase dizer: às escondidas. Sem trombeta de apocalipse, delicadamente ele se introduz numa manhã de verão entre os sevilhanos. Estamos no século XVI, na Espanha, no tempo da Inquisição. A brisa da manhã ainda revolve as cinzas restantes das fogueiras nas quais, na véspera, foram queimados os hereges.

Cristo volta, caminha, transita entre os pedestres, os habitantes. Mudo, mas sua presença, seu sorriso, seu olhar por si sós já revelam o essencial e sua identidade: todos o reconhecem de pronto. E o povo, imediatamente reunido em torno do Filho do Homem regressado aos seus, forma uma coorte alegre, cantante, esperançosa. Lá estão eles na praça de Sevilha, no adro da catedral. Cristo caminha com suavidade, dispensa a sua volta o milagre de sua presença, enquanto em torno dele todos choram de alegria e dão graças.

Nessa mesma praça, Ivan vislumbra uma silhueta magra. Um velho espia, vê a cena, um velho de noventa anos, encurvado, face cinza lavrada de rugas, olhos esbraseados, um surrado hábito de aniagem. E, acompanhando-o a certa distância, a guarda do Santo Ofício. É o Inquisidor, e ele *compreende*. Ele reage imediatamente, dá ordens. Um pelotão fende a multidão, e o povo, que um segundo antes aclamava e louvava, súbito se cala, tranca-se num silêncio temeroso, abre passagem aos esbirros que imediatamente procedem à segunda detenção de Cristo por ordem do velho dominicano, o "Grande Inquisidor". O Filho do Homem é conduzido às prisões do Santo Ofício.

A noite caiu, uma noite quente, impregnada do aroma de limão e louro. O Inquisidor, com uma tocha na mão, desce sozinho às cavernas tortuosas do edifício, abre a porta e entra.

A porta torna a se fechar atrás dele, o dominicano examina o rosto de seu prisioneiro, articula a pergunta: "És tu?".

Que logo denuncia: "Não respondas". Em seguida interroga diretamente: "Por que vieste nos atrapalhar?".
Questão simples e muito banal, mas, dirigida a Cristo, emite um som único. Quem então é ele para se dirigir a Cristo como a um intrometido qualquer, um visitante incômodo qualquer, um conhecido importuno qualquer? O discurso que segue desdobra a pergunta. Discurso do Grande Inquisidor, monólogo interminável – pois Cristo permanecerá mudo até o fim.[5] Se Cristo ameaça "atrapalhar" de novo – e é uma autoridade da Igreja quem o acusa! –, é porque certa tranquilidade e conforto tinham finalmente sido instalados na e pela Igreja Católica contra a própria mensagem crística. E isso para preencher uma brecha de angústia que ele teria provocado, para corrigir um erro infeliz que teria cometido!

Mas que erro? Ele está, denuncia o Inquisidor, em três evitações, três recusas dirigidas ao próprio Diabo, a Satã. O episódio, sabe-se, encontra-se em São Lucas e em São Mateus. E o Inquisidor não para de dizer a Cristo: "Lembra-te, recorda-te do que recusaste ao Tentador".

O Diabo tinha se apresentado perante um Cristo enfraquecido por um longo jejum no deserto e lhe propusera o poder de transformar as pedras em pão, ao que o Filho de Deus respondeu: "Não, nem só de pão vive o homem". O Diabo, mais uma vez, tendo levado Jesus ao alto do templo, pediu-lhe que se atirasse daquela altura, pois está escrito que anjos o susterão para evitar a queda. E, desse modo, ele verificará que é exatamente aquele que diz ser. Ao que Jesus retorquiu: "Não, pois está escrito para não tentar seu Senhor Deus". Por fim, de uma monta-

5. É Hannah Arendt quem cria um contraste entre "a compaixão muda de Jesus e a piedade eloquente do Inquisidor", op. cit., 2011, p. 123.

nha com vista para o planalto e as colinas, o Diabo lhe mostrou todos os reinos do mundo e lhe propôs o poder universal com a condição de se prosternar diante dele. E Cristo lhe responde: "Não, pois só sirvo e adoro a Deus".

Três recusas, portanto, três "não" a três tentações que o Inquisidor relê como produções de obediência que Cristo desdenha, despreza, rejeita como contrárias ao que ele exige da parte de cada um: uma fé autenticamente livre.

Pois, afinal, a tentação dos pães é a da produção de obediência pelo estômago: a humanidade tem fome, a humanidade só conhece a gratidão da barriga. É como se Satã tivesse sussurrado a Cristo: "Sei que podes fazê-lo, tens o poder; transforma estas pedras em pães e logo te verás cercado de uma multidão reconhecida, bajuladora. Eles te outorgarão uma fé absoluta porque terás enchido suas barrigas e, assim, garantido esse sono do saciado que é a fonte de felicidade para os humildes". Ora, tu, continua o Inquisidor no poema de Ivan, tu querias uma fé pura, uma adesão que não estivesse vinculada à necessidade. Exigias que eles te amassem livremente, que preferissem o pão celeste! Desse modo, os mergulhaste na angústia. Nossa tarefa, nós que sabemos que os homens querem ser antes de tudo saciados, foi pôr a humanidade a trabalhar: foram eles que transformaram as pedras em pão. Trabalharam duro. Por seu esforço fizeram crescer o trigo em terras áridas. Nós nos apossamos do fruto de seu trabalho e lhes redistribuímos uma ínfima parte. E eles nos agradeceram. Primeiro porque, ao nos instituir senhores da redistribuição, pusemos um termo a suas intrigas, às brigas, aos ciúmes. Eles nos agradeceram. E era preciso ver como estavam felizes em adorar essa mão que, no entanto, não fazia mais que restituir uma parte ínfima do que lhes havíamos roubado! Mas eles só viam isto: a mão estendida para eles. E esqueciam que o pão tinha sido feito por eles. Desde que pudessem adorar um benfeitor e se fartar de obediência.

A segunda tentação é a da verificação objetiva, definitiva, válida para todos. É preciso reler com atenção o texto dos Evangelhos. O texto diz: estava escrito "os anjos te susterão". Logo: se saltas, verificas, produzes a prova objetiva, material, visível para todos de que és mesmo Seu filho, que és mesmo o Eleito, o Anunciado. Sem dúvidas. E mais uma vez Cristo recusa, como se fosse ainda demais, como para dizer que a fé autêntica exige um trabalho interminável de aprofundamento e superação das inquietações, que é preciso verificar *interiormente*, e não se basear em certezas autenticadas, "garantias verdadeiras" que outros forneçam. O Inquisidor se enfurece: será realmente responsável fazer com que cada indivíduo carregue o peso do verdadeiro, exigir de um povo ignorante e medroso que verifique sua fé, esse povo já oprimido pelas preocupações diárias? Por isso a Igreja institui, nomeia especialistas, "verificadores". Aqueles que podem se dirigir às massas e lhes dizer: eis no que é preciso crer e não crer, o que é preciso pensar e não pensar, já efetuamos a verificação, certamente não precisam fazer por vocês mesmos. E o povo aqui de novo agradece, livre do peso de ter de julgar por si mesmo.

A última tentação é a mais manifesta, a mais simples, a mais profunda: o Diabo promete a Cristo o poder temporal, o Império universal. E mais uma vez Cristo recusa: ele não poderia reinar sobre um povo de escravos, ele exige crentes livres. Mas qual o quê, replica o Inquisidor, será preciso ser assim tão duro, desumano, inconsciente para recusar ao povo a alegria imensa, insubstituível de serem todos submissos ao mesmo senhor? Haveria outra maneira de estar realmente juntos senão na submissão, na adoração *comuns*?

Essa é a lição "demasiado humana": é só na obediência que nos agrupamos, que nos assemelhamos, que não nos sentimos mais sós. A obediência faz comunidade. A desobediência divide. Não há outro meio de nos saber e nos sentir unidos a não ser sujeitarmo-nos ao mesmo jugo, ao mesmo chefe: doçura infinita, calor aconchegante do rebanho que se acerca de um pastor único. Cristo parece ignorar a que ponto ser livre nos torna desesperadamente sós.

Mas eis que esse Cristo altivo, idealista, elitista recusou enfaticamente as tentações do Diabo. Ele preferiu "oferecer" à humanidade a liberdade. Presente envenenado, carga mortal, dádiva dolorosa.

Dirijo-me agora ao que é talvez o cerne da lição do texto, que ainda ressoa como uma provocação. Quero falar desse traço de união entre os três episódios de tentação. Cristo recusa constituir-se como Mestre de Justiça na partilha dos bens, como Mestre de uma Verdade garantida para todos e objetivamente verificada e como Mestre de Poder subjugante e agregador. Em suma, Cristo não quer produzir obediência; ele exige de cada um essa liberdade na qual acredita que esteja a dignidade humana.

Mas, vejam, essa liberdade – como se diz: honra da condição humana, essência inalienável –, essa liberdade ninguém quer, pois o que é ela senão uma vertigem insustentável, um fardo insuportável? Ter na consciência a carga de nossas decisões, sentir nos ombros o peso de nossos julgamentos, pensar que cabe a nós, a cada um, na solidão de sua consciência, escolher, ter de contar apenas consigo mesmo, sempre, em caso de fracasso ou de derrota, é muito penoso. Pode-se pedir razoavelmente à multidão ignorante e covarde, ao povo embrutecido e inocente que carregue esse peso? Essa exigência é inconsiderada, esse elitismo é irresponsável, inútil. Cristo pede *em demasia*. A tal ponto que nós nos perguntamos se ele sabe com quem está lidando: a humanidade.

E essa é a passagem ao limite. Porque, continua o Inquisidor, nós – a elite séria e responsável – amamos realmente os homens, assumimos o encargo de sua liberdade. E eles a depositaram a nossos pés com entusiasmo, alívio, gratidão. Contaram conosco para dizer a verdade, para decretar as regras de justiça, para designar um objeto comum de adoração. Sabiam que, aceitando simplesmente obedecer, submetendo-se, conheceriam a doçura, o conforto de não ser mais responsáveis – será preciso reconsiderar esse nó que ata obediência e desresponsabilidade. E nós, homens de Igreja, traímos sua mensagem por amor a eles, por piedade aos humildes, porque sabíamos que eles eram incapazes, impotentes, frágeis, e sabíamos que pediam sobretudo a segurança de saber que decidíamos por eles. Amar de verdade é proteger, e não exigir o impossível. Amar de verdade é privar de liberdade aqueles que são decididamente incapazes de usufruí-la.

O velho Inquisidor termina seu discurso. Cristo continua mudo. Ele olha demoradamente seu "servidor", dirige-se lentamente para ele e deposita um beijo nos lábios exangues do ancião.

O Inquisidor fica perturbado, mas logo se recompõe. Com uma voz rude, designa a porta aberta e diz: "Vai e não voltes mais".

Enigma desse último beijo.

Beijo de perdão? Amaste com demasiado orgulho a humanidade, enganaste-te acreditando que, para amar os homens, era preciso livrá-los de qualquer fonte de angústia.

Beijo de gratidão? Obrigado por ter oferecido à humanidade a salvação da desresponsabilidade.

Ou talvez um beijo de revolta, irônico e mordaz?

É uma questão, mas escolho como primeira cartada a seguinte provocação: será que essa liberdade é tão *desejá-*

vel? Ou melhor, não: será que ela é realmente, verdadeiramente, autenticamente tão *desejada*? A segunda cartada é um simples indicador histórico, o indicador de uma ruptura. Em seu *Denktagebuch* [Diário de pensamento], na data de maio de 1967, Hannah Arendt copia uma frase de Peter Ustinov que ela leu na edição de 7 de fevereiro da *New Yorker*: "Durante séculos, os homens foram punidos por desobedecer. Em Nuremberg, pela primeira vez, homens foram punidos por terem obedecido. As repercussões desse precedente estão começando a se fazer sentir".[6]

Essa afirmação, categórica, designa de longe uma transição histórica – que Arendt tinha testemunhado forjando seu conceito de "banalidade do mal" –, o que eu gostaria de chamar aqui de "a inversão das monstruosidades".

No início, haveria a posição que consiste em colocar a desobediência do lado das formas da rusticidade selvagem, da bestialidade incontrolável. Desobedecer é manifestar uma parte em nós de animalidade estúpida e rude. Michel Foucault, em seu curso no Collège de France de 1975, indica que o povo dos "anormais" – a psiquiatria construiu essa categoria ao longo do século XIX a fim de poder se apresentar como um vasto empreendimento de higiene política e moral – é, em parte, formado por "incorrigíveis".[7] O incorrigível é o indivíduo incapaz de se submeter às normas do coletivo, de aceitar as regras sociais, de respeitar as leis públicas. São os estudantes turbulentos, preguiçosos, incapazes de seguir ordens; os maus operários desleixados,

---

6. H. Arendt, *Journal de Pensée (1950-1973)*, vol. 2, trad. Sylvie Courtine-Denamy. Paris: Seuil, 2005, p. 863.
7. Ver a aula de 22 de janeiro de 1975, em *Les Anormaux: Cours au Collège de France (1974-1975)*, org. Valerio Marchetti & Antonella Salomoni. Paris: Gallimard-Seuil-Hautes Études, 1999, pp. 53-54 [*Os anormais*, trad. Eduardo Brandão. São Paulo: WMF Martins Fontes, 2010, p. 74].

embromadores, os marginais recalcitrantes, o prisioneiro que sempre regressa para atrás das grades. O indivíduo incorrigível é aquele diante do qual os aparelhos disciplinares (a escola, a Igreja, a fábrica...) confessam sua impotência. Por mais que seja vigiado, punido, por mais que lhe imponham sanções, o submetam a exercícios, ele continua incapaz de progresso, inapto para reformar sua natureza e superar seus instintos. A "incorrigibilidade" provém de um fundo de animalidade rebelde. Aceitar a mediação das leis, resistir à inclinação de nosso instinto, fazer o que o *outro* exige que façamos é aceder ao patamar da humanidade "normal". Desobedecer é se deixar escorregar ladeira abaixo na selvageria, ceder às facilidades do instinto anárquico. Se é o animal em nós que nos faz desobedecer, então obedecer é afirmar nossa humanidade.

Pode-se retomar aqui a distinção que Kant faz, em *Sobre a pedagogia*, entre "instrução" e "disciplina".[8] No âmbito pedagógico, a instrução é aprendizagem da autonomia, aquisição de um juízo crítico, domínio racional dos conhecimentos elementares – e não apenas ingestão passiva de informações que se deve ser capaz de recitar depois gaguejando. Mas, para chegar a esse estado, é mister um primeiro momento de docilidade cega que Kant chama de "disciplina". É esse momento que "transforma a animalidade em humanidade",[9] é com base em uma obediência cega que nos tornamos verdadeiramente homens. Esse momento, insiste Kant, provisório, é "negativo" – coerção, pressão, domesticação ("adestram-se cães e cavalos, mas também se podem adestrar homens")[10] –, não obstante, *capital*. Ele confere um ali-

---

8. Immanuel Kant, *Sobre a pedagogia*, 5ª ed., trad. Francisco Cock Fontanella. Piracicaba: Editora Unimep, 2006, p. 12.
9. Ibid.
10. Ibid., p. 20.

cerce sobre o qual se poderá construir a autonomia. Sobretudo, deve advir o mais cedo possível:

> A disciplina submete o homem às leis da humanidade e começa a fazê-lo sentir a força das próprias leis. Mas isso deve acontecer bem cedo. Assim, as crianças são mandadas cedo à escola, não para que aí aprendam alguma coisa, mas para que se acostumem a ficar sentadas, obedecendo pontualmente o que lhes é mandado.[11]

O enunciado destoa. Para que, sobretudo, serve a escola? Nela se aprende a obedecer.

Não é o caso de acusar Kant, como se ele tivesse exaltado uma obediência fanática e estúpida – ele próprio previne: "é preciso ficar atento para que a disciplina não seja uma escravidão",[12] e seu texto sobre o Iluminismo traz outra lição.[13] Mas eu gostaria apenas de invocar aqui duas ou três coisas, um pouco perturbadoras.

É a ideia, primeiro, de que a obediência incondicional abre caminho para o processo de humanização. Só ela nos permite desfazer-nos das "propensões naturais" rebeldes, domesticar os instintos forçosamente anarquistas, sufocar um fundo de selvageria avesso a qualquer regularidade – "o estado selvagem é a independência em relação às leis".[14] É preciso começar por aprender a obedecer sem pensar, e o homem é esse animal "que tem necessidade de um senhor".[15] Depois, distinguem-se evidentemente obediência voluntária (supondo o reconhecimento

---

11. Ibid., pp. 12-13.
12. Ibid., p. 45.
13. Ver o capítulo "Dissidência cívica".
14. I. Kant, op. cit., 2006, p. 12.
15. É a proposição 6 de Kant em sua *Ideia de uma história universal de um ponto de vista cosmopolita* [trad. Rodrigo Naves e Ricardo R. Terra. São Paulo: WMF Martins Fontes, 2016, p. 15].

da superioridade do senhor) e obediência absoluta (incondicional, automática).[16] A obediência voluntária faz valer um elemento de atividade, de liberdade. Mas Kant, ao mesmo tempo que sublinha a importância dessa obediência racional, insiste mais uma vez na necessidade de uma obediência cega, produzindo um argumento politicamente perturbador:

> Esta última, a voluntária, é *importantíssima*; mas a primeira [a obediência absoluta] é absolutamente necessária, porque prepara a criança para o respeito às leis que deverá seguir certamente como cidadão, ainda que não lhe agradem.[17]

A obediência cega prepara o futuro sujeito político *para a aceitação das leis com as quais ele não concordaria*. Educa-o para a resignação política.

Entre as observações de Kant sobre a educação e o estudo de Foucault sobre os "incorrigíveis", o que aparece é a ideia de que a obediência transporta das trevas da ignorância às luzes do saber, das pulsões primitivas às mediações racionais, do homem das cavernas ao homem civilizado. Passagem da indocilidade espontânea, imediata, selvagem, à interiorização das regras de vida comum, ao estado *civilizado*.

A desobediência constituiria nosso primeiro estado, nossa natureza talvez, se por "natureza" entendermos o que nos liga às feras e aos lobos. De saída, seríamos refratários à regra. A primeira modernidade lê essa desobediência primitiva como o reino ilimitado das paixões egoístas, o domínio dos instintos brutos, a imperiosa urgência do desejo narcísico. E é para lhes

---

16. I. Kant, op. cit., 2006, p. 77.
17. Ibid.

contrapor as mediações pacientes da razão e as regras sociais de interesse comum que é consagrada a parte da disciplina. Trata--se de dominar em nós o animal. A obediência disciplinar é o que em nós faz afirmar-se o princípio de humanidade. A partir do momento em que se trata de contrapor o homem civilizado à selvageria (suposta), a obediência é pensada como o que nos humaniza – e a desobediência é monstruosa.

A experiência do século XX, a dos regimes totalitários e dos grandes genocídios, inquietou, perturbou, ou antes fragmentou, rompeu essa evidência cultural maciça que vincula, de maneira cerrada, capacidade de obedecer e afirmação de humanidade. Pode-se tomar, mas só de longe,[18] o exemplo de Eichmann, coordenador frio, impecável, da máquina de morte que levou à destruição de seis milhões de judeus da Europa e que, na barra do tribunal de Jerusalém, não compreende nem mesmo que se conjecture sua condenação: "Não posso ser responsabilizado, pois não vejo por que eu seria punido por ter assinado seguindo ordens recebidas".[19] Considere-se ainda o sinistro Duch dirigindo, com zelo, aplicação, abnegação mesmo, o centro S-21, onde milhares de cambojanos foram torturados para produzir confissões delirantes e, depois, eliminados – seu nome significa em cambojano "o aluno dócil".[20]

---

18. Voltaremos ao assunto no capítulo 7, "O ano de 1961", cf. *infra*, p. 110.
19. Rony Brauman & Eyal Sivan, *Éloge de la désobéissance*. Paris: Le Pommier, 2006, p. 150.
20. Sobre esse personagem, sua vida, seu papel no centro de tortura S-21 e seu processo, ver *L'Élimination* (Paris: Grasse, 2012), de Rithy Panh, escrito com Christophe Bataille, e seus filmes (*S-21. La Machine de mort Khmère rouge* e *Duch, le maître des forges de l'enfer*). Ver também François Bizot, *Le Portail*. Paris: Gallimard, 2002; e *Le Silence du bourreau*. Paris: Gallimard, 2013; bem como Thierry Cruvellier, *Le Maître des aveux*. Paris: Gallimard, 2011; e de David P. Chandler, *S-21 ou le crime impuni des Khmers rouges*, trad. Alexandra Helleu. Paris: Autrement, 2002.

O subterfúgio, a evitação, a desobediência, a recusa, eis o que poderia tornar humanos os gestores impecáveis do crime e do horror. Para sua defesa, eles nos contrapõem essas virtudes preconizadas nas salas de aula e no seio das famílias: docilidade, aplicação, exatidão, senso de eficácia, lealdade, credibilidade, meticulosidade.

Podia-se contar com eles para que o trabalho fosse feito, e bem-feito. *Mas que trabalho?*

A experiência totalitária do século XX evidenciou uma monstruosidade inédita: a do funcionário zeloso, do executor impecável. *Monstros de obediência*. Refiro-me aqui à "segunda modernidade" porque a razão que regula sua conduta não é mais a dos direitos e dos valores, do universal e do sentido. É a razão técnica, eficaz, produtora, útil. A razão da indústria e das massas, da administração e dos escritórios. A razão gestora, a racionalidade fria, anônima, glacial, impessoal do cálculo e da ordem. Não se trata mais da antiga utopia: escutar e seguir a voz da razão universal em vez de permanecer na servidão dos instintos primitivos. Não; trata-se aí de *se fazer autômato*.

No horizonte dessa segunda modernidade, a oposição já não é entre o homem e o animal, mas entre o homem e a máquina.

E, súbito, é a desobediência que humaniza.

Duas cartadas, portanto: uma provocação (o discurso do Inquisidor em Dostoiévski: a liberdade é uma vertigem, um fardo de que tentamos antes de tudo nos desvencilhar); um marcador histórico (a inversão das monstruosidades). Mas eu gostaria de propor uma última coisa, desta vez um fio metodológico, como uma perspectiva para construir nosso pensamento: o que eu denomino aqui "a ética do político". Como dissemos, não se proporá um estudo histórico da desobediência que se centraria em sequências determinadas para trazer à luz, a propósito de tal ou qual ato de rebelião, as dinâmicas das revoltas, e tentar vislumbrar leis gerais. Não proponho tampouco uma reflexão de sociologia política sobre a estruturação das formas de desobediência em sua diversidade histórica e social. E ainda menos um estudo transcendental sobre o fundamento filosófico do ato de desobediência, sua legitimidade final, sua racionalidade intrínseca.

Quero colocar o problema da desobediência na perspectiva de uma ética do político. Falo aqui de ética, e não de moral. Foi Maquiavel quem definiu e estruturou a relação entre moral e política. Afinal, o escândalo que *O príncipe* provoca em seus últimos capítulos é exatamente alegar que qualquer pessoa que pretenda se manter no poder é obrigada a utilizar métodos que fazem arrepiar e estremecer uma consciência moral pouco escrupulosa. O livro de Maquiavel detona a tradição da literatura medieval dos espelhos de príncipes que fazia o retrato do monarca ideal e declinava o catálogo das virtudes do bom dirigente. Mas os imperativos da ação política (produção de resultados, rapidez, eficácia, consideração da opinião pública, midiatização, eleitoralismo) comprometem os valores de justiça, sinceridade, lealdade, transparência etc. Quando um homem político fala de moral, ainda está fazendo política. As virtudes só valem como aparato, postura, ostentação. E a política não é nada mais que a arte de permanecer no poder.

Ao falar de ética do político, quero abordá-lo de outro ângulo: o do sujeito político. O que chamo aqui de ética[21] é a maneira como cada um se relaciona consigo mesmo, constrói para si certa "relação" a partir da qual se autoriza a realizar determinada coisa, a fazer isto e não aquilo. A ética do sujeito é a maneira como cada

---

21. Seguindo Michel Foucault em *História da sexualidade* [1984], vols. 2 e 3.

um se constrói e trabalha. Para tornar as coisas mais claras, tomo, acompanhando Foucault, o exemplo da fidelidade conjugal.[22]

Em *O uso dos prazeres* e *O cuidado de si*,[23] Foucault estuda a sexualidade dos antigos sob o ângulo do que ele denomina uma ética do sujeito dos prazeres. De maneira muito geral, trata-se antes de mais nada, para ele, de questionar clichês, a ideia, por exemplo, de que os pagãos teriam tido uma sexualidade muito mais livre que a nossa, mais plena, menos censurada, mais polimorfa, mais solar. Costumamos imaginar que a Antiguidade, a Grécia Antiga em específico, teria vivido uma idade de ouro da sexualidade que será encerrada primeiro pela doutrina cristã da carne e depois pela afirmação de uma moral burguesa pudica, tolhida, que alguns associam ao desenvolvimento do capitalismo industrial, à obsessão pela utilidade, pela produtividade. Mas, para Foucault, não há necessidade nenhuma de esperar os sermões cristãos ou a moral burguesa para entender que a devassidão sexual apresenta riscos; que a fidelidade conjugal é muito recomendável; que o amor pelos rapazes é um jogo perigoso... Platão, os pitagóricos, os estoicos já veiculam essa lição – a tal ponto que é de seus textos que os Pais cristãos tiram os mais severos preceitos.

Mas então deve-se dizer que a sexualidade sempre foi estruturada pelo interdito? Não, mas que os amores homossexuais, a sexualidade desenfreada, as relações extraconjugais, tudo isso sempre *constituiu um problema*, sem necessariamente ser objeto de um interdito.

Eis um exemplo: por que ser fiel? Pode-se responder primeiro: porque se considera que é preciso ter uma relação "viril"

---

22. Ver na "Introdução" e no capítulo "Moral e prática de si", in *História da sexualidade 2: O uso dos prazeres*.
23. M. Foucault, *História da sexualidade* vols. 2 e 3.

consigo mesmo. Quando se é um chefe de família responsável, mas também um cidadão participante da vida da cidade e do governo dos outros, deve-se mostrar aos outros que se é capaz desse domínio. A fidelidade atesta uma relação política ativa consigo mesmo. Ou ainda: recusa-se o adultério porque a relação conjugal exige uma atenção, uma confiança, uma solicitude recíprocas: tal é a leitura estoica no momento romano, isto é, o momento do que Paul Veyne chama a invenção do casal (uma "ideia nova").[24] Em nome do que devo a meu parceiro, em nome da estabilidade do casal, não quero ser volúvel. Mas pode-se ainda pensar: a sexualidade é uma mácula insuperável. Estigma do pecado original, mas necessária para aumentar o povo de Deus, a única forma admissível é a de uma sexualidade finalizada por sua função reprodutora, enquadrada pelo casamento. Nesse caso, a infidelidade é simplesmente proibida. Por fim, pode-se também considerar que a fidelidade é uma norma social, que deve ser respeitada para poder aparecer como "normal". Vê-se, portanto, que é possível adotar um mesmo comportamento (a fidelidade conjugal) com base em estilos éticos diferentes.

Pois bem, da mesma maneira, pode-se perguntar: a partir de que relação consigo mesmo se respeita ou se transgride a lei pública? Quais são as formas éticas gerais da obediência e da desobediência? Como distinguir submissão, subordinação, conformismo, consentimento, obrigação; ou, ainda: rebelião, resistência, transgressão, desobediência civil, dissidência cívica? Será que, ao descrever o "submisso", o "consentidor", o "conformista", não acabarei fazendo retratos psicológicos? Mas a ciência psico-

---

24. Citado por M. Foucault em *Subjectivité et vérité*: *Cours au Collège de France (1980-1981)*, org. Frédéric Gros. Paris: Gallimard-Seuil-Hautes Études, 2014, p. 214 [*Subjetividade e verdade: curso no Collège de France (1980-1981)*, trad. Rosemary Costhek Abílio. São Paulo: WMF Martins Fontes, 2016, pp. 244-45].

lógica estabelece determinismos (fisiológicos, ambientais, familiares etc.) do sujeito. A ética, por sua vez, é uma antipsicologia, e as diferentes formas que apresentarei são variações de estilo. Obedecer, desobedecer – é dar forma à nossa liberdade.

2.
DA SUBMISSÃO
À REBELIÃO

Comecemos, nos limites da estilização ética, pelo que chamarei aqui de "submissão". A submissão é a evidência primeira, o paradigma inicial. Por que você obedece? Porque sou submisso: impossível fazer de outro modo. Clareza absoluta dessa relação cruel. Aquele que obedece por excelência é o *escravo*.

Por submissão entendo uma obediência de pura coerção: obedecemos àquele que tem nas mãos a arma ou o chicote, a força de decisão sobre a carreira e mesmo sobre a vida e a morte. O mestre, o contramestre, o *Kapo*, o "superior" hierárquico, o "chefe"... Ser submisso é ser prisioneiro de uma relação de forças que subjuga, domina, *aliena* no sentido literal. Submisso, estou sob a inteira dependência do outro, o outro que comanda, decide, grita ordens, acaba com você e destrói as vontades. O que faço então não é mais que a execução passiva do que me é pedido *a partir desse outro*, exterior, dominador. Não podem intervir, no princípio da minha ação, no início dos meus gestos, nem uma vontade própria, nem um impulso interior, nem uma espontaneidade ativa, nem um movimento pessoal.

Submisso.

Esse é o sentido, sem dúvida mais puro e mais duro, da obediência: uma relação (ser dirig*ido*, domin*ado*, comand*ado*, govern*ado* etc.) que me força a agir segundo o querer de outrem, de tal modo que, *quando ajo, permaneço passivo*. Fórmula paradoxal da submissão: tornar compossíveis, num único indivíduo, a passividade e a atividade. Vejam como se debatem: o operário em sua máquina penando para seguir cadências impossíveis, o pequeno funcionário em sua repartição dedicando um zelo insano na aplicação de diretivas confusas, o empregado que faz de tudo para ser "proativo". Todos se afainam, empenham-se. Mas essa agitação é apenas o reverso de uma passividade completa.

Por que o submisso obedece? Ele não pode fazer de outro modo: menos forte, menos poderoso. Por que você obedece? *Porque não posso desobedecer.* A razão da obediência do submisso está na desrazão da violência cega e das relações de força. Reencontramos uma figura que o pensamento político interroga ao menos desde Aristóteles: o escravo. O escravo, diz Aristóteles no começo da *Política*,[1] é a propriedade de outrem, uma mercadoria "animada" (*ktêma empsukhon*), um "executor".[2] O que significa que ele não pertence a si mesmo. Seu corpo, seus gestos, sua própria vida são a propriedade do senhor. Ele é um utensílio, instrumento em mãos alheias. É uma mercadoria que se troca, se revende, um bem do qual o proprietário dispõe a bel--prazer, desfruta e pode usar e abusar.

É escravo aquele que não se pertence, o "executor" sem iniciativa. O escravo não *inicia* nada, não está no começo de nada:[3] os movimentos de seus braços, os gestos de seu corpo não são mais que o eco, a réplica, a consequência de uma fala imperativa e primeira que domina. O escravo não começa nada: ele segue, *executa* as ordens de outrem.

O texto de Aristóteles é só uma ocasião, e não falo da escravidão como condição historicamente determinada – de resto, variável, diversificada, conforme testemunham as histórias.[4] Cons-

---

[1]. I, 4, 1253b.
[2]. Aristóteles, *A política*, trad. Roberto Leal Ferreira. São Paulo: Martins Fontes, 2006.
[3]. Estamos no domínio do que Hannah Arendt chama de "trabalho" e no oposto do que ela define como "ação", que é precisamente a capacidade de começar alguma coisa ("Condition de l'homme moderne", capítulo "Ação", in *A condição humana*, trad. Roberto Raposo. Rio de Janeiro: Forense Universitária, 2016, cap. v).
[4]. Ver, por exemplo, de Olivier Grenouilleau, *Qu'est-ce que l'esclavage?* Paris: Gallimard, 2014; ou ainda Christian Delacampagne, *Une Histoire de l'esclavage*. Paris: Livre de Poche, 2002.

truo aqui simplesmente o paradigma de uma redução à impotência e penso a escravidão como dependência: "A servidão de uma coisa é sua submissão às causas externas; a liberdade, ao contrário, significa não estar submetido a elas, mas delas ser libertado".[5] Nesse sentido amplo, incluo os escravos da Antiguidade que podiam ser trocados como ânforas, os servos da Idade Média que mal tiram seu sustento de um labor interminável nas terras dos outros,[6] os operários das grandes fábricas do século XIX dando duro por um salário de miséria,[7] os endividados de hoje[8] que compram o direito de viver, de ter um teto, de alimentar e de educar seus filhos – ser "integrado" como se diz – às custas de sua fadiga crônica e de sua angústia indefinida, enquanto uma elite indecente pode ganhar em alguns dias o que jamais poderão juntar numa vida.

Por que o submisso obedece? Porque não pode fazer de outro modo, porque para ele é impossível desobedecer: a sanção seria imediata e demasiado pesada. Humilhado, demitido, espancado, excluído, rebaixado... Pagaria um preço alto demais. Arriscado demais. Obedece-se porque o custo da desobediência não é sustentável. No fundo, a única razão para obedecer é a impossibilidade de desobedecer. A submissão baseia-se no arbitrário de uma relação de forças desequilibrada, na injustiça de uma relação

5. Espinosa, *Breve tratado de Deus, do homem e do seu bem-estar*, II, 26, 9, trad. Emanuel Angelo da Rocha Fragoso & Luís César Guimarães Oliva. São Paulo: Autêntica, 2012, p. 152, nota 96.
6. Dominique Barthélemy, "Serf", in Claude Gauvard, Alain de Libera & Michel Zink (orgs.), *Dictionnaire du Moyen Âge*. Paris: PUF, 2002.
7. Louis-René Villermé, *Tableau de l'état physique et moral des ouvriers, employés dans les manufactures de coton, de laine et de soie*. Paris: Jules Renouard et cie., 1840.
8. Ver, no contexto da declaração de Gilles Deleuze em "*Post-scriptum* sobre as sociedades de controle", in *Conversações*, trad. Peter Pál Pelbart. São Paulo: Editora 34, 1992; "O homem não é mais o homem confinado, mas o homem endividado", por exemplo, Jean-Clet Martin, *Asservir par la dette*. Paris: Max Milo Éditions, 2017; ou ainda David Graeber, *Dívida: Os primeiros 5000 anos*, trad. Rogério Bettoni. São Paulo: Três Estrelas, 2016.

hierárquica. O escravo executa silenciosamente as ordens de seu amo, o servo se mata para cultivar as terras de seu senhor, o operário deixa que lhe imponham cadências insanas, o empregado ouve, serrando os dentes, as críticas depreciativas de seu superior. Como fazer de outro modo?

Ao mesmo tempo, a submissão pode trazer como seu reverso futuro uma promessa de revolta, de *rebelião*. O submisso espera sua hora. Ele espreita as fraquezas do senhor, está atento às fragilidades, às brechas, pronto para dar o golpe, virar o jogo. Delimito aqui o conceito de "submissão". Se digo que essa relação de forças é histórica, contingente, transitória, reversível – um puro estado de fato –, então a submissão, obediência refratária, contém em si a insubmissão como revanche. A partir do momento em que os submissos conseguem se unir para conspirar contra os senhores, assim que sentem e constroem sua força coletiva, a guerra pode ser retomada. Rebelião, *Re-bellum*: a guerra recomeça, o antigo vencido se recompõe.

Ou, considerando tantas revoluções invertidas, insurreições frustradas, combates constantemente recuperados, lutas inúteis, o submisso se diz que sua impotência não tem limites, que ela lhe custa sangue e desgraças demais para acreditar ser possível a reversão das condições, de modo que não tem outra escolha senão preferir às decepções dolorosas e à dor dos sonhos desfeitos a doçura da *resignação*, isto é, a submissão aceita em sua perenidade.

Ou, ainda, o submisso se diz – mas ele se diz porque é *ensinado* a dizê-lo, a repeti-lo, a entendê-lo, a articulá-lo (na escola e na família) – que afinal esses desníveis sociais são naturais,[9] que a superioridade do chefe é *fundamentada* em seus talentos naturais

---

9. Sobre a hipótese de uma fundação "natural" da relação comandante/executor, ver adiante o capítulo 4, "Da subordinação ao direito de resistência".

(inteligência, probidade); ou ainda, também – no caso mais preciso da obediência política –, que é preciso se submeter às leis públicas, mesmo que elas não convenham *a ele*, porque a desobediência seria a anarquia, a reivindicação egoísta de seu interesse próprio. Seja o discurso disseminado, destinado a desestimular a insubmissão, sem adotar os traços da derrota resignada: "Acordem, revoltados de primeira viagem, chacoalhem a ilusão da revolta e limpem a poeira de seus sonhos; essas hierarquias que vocês contestam só foram construídas para essa ordem social, que vocês questionam, mas de que se beneficiaram desde o nascimento, e hoje dizem 'não' porque determinada lei os contraria. Mas vocês mesmos consentiram, livremente e desde sempre, em obedecer às leis *de modo geral*! Essa sociedade lhes concede direitos políticos, façam então tantas tribunas quantas desejarem para expressar seu desacordo, votem em outros representantes, mas sobretudo obedeçam, respeitem as regras do jogo político tal como está estabelecido para a harmonia geral, a paz pública, o bem de todos".

Ouve-se nesse discurso outra figura de obediência: o consentimento ao pacto republicano.[10] Diante dele – e mesmo diante da obediência respeitosa (reconhecimento da autori--dade) –, o conceito de submissão, em sua dureza e veemência, sempre desempenhou o papel de desmistificador político. O que os grandes desmistificadores políticos (do Trasímaco de Platão[11] a Marx, passando por Maquiavel) denunciam é a vontade de dissimular sistematicamente essa relação de submissão.

O que se tenta é levar a acreditar que a obediência política é uma adesão livre, voluntária, ou baseada num contexto de re-

---

10. Voltarei a essa hipótese no capítulo 8, "Do consentimento à desobediência civil", ver adiante.
11. Trasímaco é um interlocutor de Sócrates no livro i da *República* (ver o capítulo 13, "Pensar, desobedecer. Remetendo à *República*").

conhecimento mudo e admirativo. O pequeno discurso da desmistificação política objeta com seu desmentido: "Vocês, pensadores da adesão política, parem, por favor, de determinar, no ambiente exclusivo de suas bibliotecas tranquilas, acolchoadas, que nossa obediência política é racional, legítima, que nossos chefes governam para nosso bem e que, quando nos revoltamos contra essas leis que só organizam o lucro de uma elite, estamos *filosoficamente* errados em desobedecer. Essas demonstrações são cortinas de fumaça, sendo que não há outra *realidade* que a de uma injustiça imposta pela violência, e só obedecemos porque o preço da desobediência é decididamente insustentável: sangue vertido, humilhação automática, derrota anunciada".

Sim, a submissão nesse sentido é um vetor de desmistificação política, pois trata-se de mostrar, por trás das construções esfumaçadas, o grão de realidade da injustiça e da violência. Desobedecer será recomeçar a guerra, essa guerra surda que nunca parou, que continua sob o verniz da paz civil.[12]

A ambiguidade formidável é que esse conceito de submissão, ao mesmo tempo que funciona como vetor de desmistificação política – invalidando o tema de uma obediência cidadã ou de uma docilidade grata –, constitui um vetor de mistificação ética.[13]

Podemos retomar as formulações de Aristóteles: o escravo é um "bem adquirido", um "instrumento" (*órganon*), um "comandado" (1253b-1254a). Com isso, é preciso compreender que

---

12. Ver, sobre este ponto, M. Foucault, em seu curso no Collège de France, de 1976: *Il Faut défendre la société*, orgs. F. Ewald e A. Fontana. Paris, Gallimard-Seuil-Hautes Études, 1997, pp. 44-50 ["É preciso defender a sociedade", in *Resumo dos cursos do Collège de France (1970-1982)*, trad. Andréa Daher. Rio de Janeiro: Jorge Zahar, 1997, pp. 71-77].
13. Uma grande parte do pós-marxismo de Hannah Arendt e de Michel Foucault encontra-se aí: na maneira como eles interrogam os limites do modelo da submissão "econômica" como grade de leitura geral do poder.

seu corpo realiza a vontade de um outro, mas que sua alma não participa em nada em relação ao que ele executa. A única razão pela qual o escravo obedece é que recebeu uma ordem. O que supõe corte, cisão: *eu* faço o que um *outro* me diz para fazer. E é aí que se abre a possibilidade de uma exploração ética da divisão entre a alma e o corpo. A submissão que explora essa separação pode tomar ao menos duas formas.

A primeira seria a "submissão deferente". Ou seja: quando o submisso multiplica os sinais exteriores de servilismo, quando exagera suas reverências, quando intensifica a pose de humildade, ainda assim conserva, em seu íntimo, um julgamento impiedosamente crítico. O submisso escuta com grande seriedade e profundo respeito a lista dos comandos, calculando subterraneamente suas evasivas, compensando previamente, por meio de uma atitude obsequiosa viscosa, pegajosa, sua futura preguiça e seu profundo desprezo. Essa é a submissão deferente, a primeira exploração ética da separação alma/corpo: a teatralização dos sinais da servidão para disfarçar as desobediências concretas, dissimuladas, pontuais e sobretudo um desprezo definitivo. Não, o submisso não interiorizou sua servidão; ele a suporta, deixa simplesmente que o chefe, que só espera isso, acredite que ele reconhece sua superioridade. Todo esse jogo, todo esse desdobramento social – o que James C. Scott chama de "o discurso oculto" –,[14] essa exteriorização ruidosa das formas da servidão com o fim de blindar as inservidões concretas, é difícil ao mesmo tempo medir exatamente sua função: preparação para as lutas futuras? – pois armazenamos desprezo social e, muito longe de interiorizar a inferioridade, cultivamos em nós o espírito de revanche. Ou seria

14. James C. Scott, *La Domination et les arts de la résistance: Fragments du discours subalterne*, trad. Olivier Ruchet. Paris: Éditions Amsterdam, 2009.

então simples válvula de escape, libertação simbólica que permite a perpetuação das desigualdades, na medida em que nenhuma vingança imaginária jamais abalou a consistência das hierarquias? Acrescente-se que, de Molière a Balzac, a literatura está repleta desses lacaios obsequiosos que ridicularizam o senhor assim que ele vira as costas, tantos seres servis alimentando a vaidade dos chefes para obedecer o mínimo possível.

Mas há outra exploração ética da divisão alma/corpo que constitui a propensão politicamente mais perigosa. Seja mais uma vez o esquema de obediência: o submisso obedece cegamente. Ele nada conhece da finalidade, do destino, do objetivo, do sentido do que lhe mandam fazer – e talvez até nem *queira* conhecer nada disso. Executa, age sem intenção por conta própria, para o benefício de um outro, em nome da vontade, da decisão, *sob a responsabilidade* de um outro. Nele, *o agente não é o autor*. Separação: eu ajo assim, faço isto, mas *não sou eu* de fato. Sou só o agente, o braço mecânico, o cérebro calculante, o movimento automático, mas em hipótese nenhuma a decisão nem o juízo. Por que fez isso? Eu tinha ordens. O que significa: não tomei a iniciativa, eu mal tinha a escolha dos meios. Não sou o autor do que faço. Um simples agente. Portanto: não sou responsável.

Percebe-se aí a jogada da mistificação ética, esse momento em que, na realidade, não sofro mais a submissão, mas a exploro para dela fazer uma alavanca de justificação a meus próprios olhos e para os outros, para minha consciência e para o mundo, para a história e as gerações futuras.

Será que somos sempre *tão* submissos assim? Não exageramos o custo de nossa desobediência para nos desresponsabilizar e sobretudo para poder alardear a nós mesmos e aos outros: "É claro que participo deste sistema iníquo, fazendo com que ele funcione no meu nível deplorável – pequeno empregado, pequeno funcionário, pequeno secretário, pequeno administrador, pequeno acionista, sempre e quase orgulhosamente (pelo menos desta vez) 'pequeno'. Mas, o que vocês querem, é assim que é, o que imaginam da minha margem de manobra, da minha capacidade de ação? É isso ou a porta da rua, a obediência ou a exclusão, a docilidade ou a demissão. Como podem imaginar que eu concordaria com o que faço, que me divirta participar do esgotamento da humanidade, alimentar o desespero social, degradar um pouco mais uma Natureza asfixiada, arruinar existências? Mas fazer o quê? Não passo de um escravo do sistema que reprovo sem ter os meios para combatê-lo. Meu braço se agita, minha inteligência se ativa, meu corpo se desloca, meu cérebro calcula. Mas não sou eu, não sou eu que falo, não sou eu que me movimento, nem sequer sou eu que penso: só meus órgãos animados por um outro".

E, afinal, é bem confortável poder me desfazer a esse ponto de minhas responsabilidades. Que alívio me dizer que eu não podia fazer nada, ou melhor, não: dizer-me que o que fiz, bem, não era eu de fato.

"Não sou responsável: obedeci a ordens."

3.
SUPEROBEDIÊNCIA

Estamos em pleno Renascimento, no sudoeste da França. Um texto circula de mão em mão, um manuscrito. É passado entre letrados, eruditos, humanistas. Um escrito febril, nervoso, provocador. Montaigne o recebe: fica impressionado. Num primeiro momento, pensa em incluí-lo no centro de seus *Ensaios*, fazer dele o pilar central de sua obra, ordenar seus capítulos como em torno de um sol de sentido. Em seguida, muda de ideia: nesse ínterim, o texto é editado (sob o título *Contra um [Contr'un]*) numa revista calvinista, e Montaigne receia que lhe dar o lugar de honra em seu livro possa ser visto como uma adesão às teses reformistas.

A história do texto está ligada a seus usos políticos: reimpresso após um longo silêncio, em 1835, no começo desse século das revoluções sociais, com um prefácio de Félicité de Lamennais (no momento de uma onda de insurreições em Paris e em Lyon), depois apresentado por Pierre Leroux na *Revue Sociale* (1847) como protesto político e reeditado, com as importantes contribuições de pensadores políticos iconoclastas (Miguel Abensour, Claude Lefort, Pierre Clastres etc.) nos anos 1970.[1]

Quem estaria na origem de tal carga explosiva? O autor é um homem muito jovem – entre dezesseis e dezoito anos. Tão jovem que nos perguntamos ainda hoje sobre a natureza do texto: brilhante dissertação, saturada de inversões retóricas, escrita por um estudante muito talentoso? Pois, afinal, trata-se da representação discursiva de um paradoxo, da defesa de uma hipótese mons-

---

1. Esta edição de Étienne de La Boétie (*Discours de la servitude volontaire*. Paris: Payot, 1976) marcou época, é a que utilizamos aqui (reeditada por Payot & Rivages, 2002) [ed. bras. *Discurso da servidão voluntária*, trad. Laymert Garcia dos Santos. São Paulo: Brasiliense, 1999]. Mas pode-se citar também a edição Vrin de André Tournon (2002). Ver, para uma ótima apresentação geral, Olivier Guerrier, Michaël Boulet & Mathilde Thorel, *La Boétie: De la servitude volontaire ou contr'un*. Neuilly-sur-Seine: Éditions Atlande, 2015.

truosa. Ou seria uma sátira política audaciosa, um escrito engajado? O texto é contemporâneo das grandes rebeliões de Guyenne.² Montaigne escreveu sobre o tratado e seu autor no capítulo sobre a amizade: "Escreveu-o La Boétie em sua adolescência, a fim de se exercitar em *favor da liberdade e contra a tirania*".³ De meu lado, vejo em *Contra um* uma grande destreza. É escrito à maneira de apóstrofe longa e raivosa: "vós", "vós", "vós", repete. Não é uma demonstração rigorosa, analítica, não é exatamente um tratado. É, antes, uma provocação. Esse texto é um grito. Grito de estupor, de espanto, de surpresa, grito de cólera e de raiva. La Boétie é o Rimbaud do pensamento político, como que multiplicando seus pontos de exclamação.⁴

Qual é o objeto dessa indignação, qual é o objeto do escândalo? Montaigne fala de um texto "contra os tiranos". Pensamos, então: é um panfleto que denuncia os abusos dos governos despóticos, condena o terror, o arbitrário dos regimes autocráticos. Ora, tudo está num deslocamento, tão impressionante que se torna enigmático: o deslocamento do ponto da cólera.

Conhecemos o discurso clássico: tiranos gregos infames e sanguinários, anatematizados por Platão no *Górgias*; imperadores romanos, de Nero a Heliogábalo, descritos como canalhas sinistros, abismos de perversidade, de crueldade por Tácito ou Suetônio. Há regularmente no pensamento político um prazer em fazer ouvir o gemido das populações oprimidas a sufocar sob esses déspotas que as reduzem à miséria e à infelicidade. É uma desolação política que permeia a história: um povo é esmagado

2. São as revoltas por causa da gabela de 1548, uma insurreição camponesa reprimida a sangue pelas tropas reais de Henrique II.
3. Montaigne, livro I dos *Ensaios*, cap. XXVIII, "Da amizade", trad. Sérgio Milliet. São Paulo: Editora 34, 2016 (itálicos nossos).
4. Segundo a expressão de Pierre Clastres, porém ainda mais geral: "Rimbaud do pensamento", in É. de la Boétie, op. cit., 2002, p. 247.

por um dirigente que o espolia e o amordaça, o martiriza e o censura. Há motivos para dar lugar realmente a estupefações indignadas e moralizadoras. Escândalo: como podem esses tiranos ser a tal ponto viciosos, cruéis, *absolutos*? O que diz La Boétie?

> Por ora gostaria apenas de entender como pode ser que tantos homens, tantos burgos, tantas cidades, tantas nações suportem às vezes um tirano só... [...][5]

Essa frase inicial já contém[6] toda a inversão. Pois se esperaria do moralizador clássico, do pensador político sentencioso, a seguinte pergunta: como é possível que um tirano seja cruel a ponto de fazer com que tantos homens, tantas populações, tantas nações suportem essas atrocidades? Mas, não, o sujeito da frase são precisamente *os súditos, as populações*. Há indignação, e trata-se de denunciar um *vício*. Mas este não é a escuridão da alma do tirano. O vício se articula numa monstruosidade *aritmética*:

> Mas, oh, bom Deus! O que pode ser isso? Como o denominaremos? Que desgraça é essa? Ou que vício? Ou, antes, que vício infeliz? Ver um número infinito de homens [...] sofrer as pilhagens, a libertinagem, as crueldades, não de um exército, não de um campo de bárbaros contra o qual tinham de derramar o sangue e a vida futura, mas de um só; não de um Hércules, nem de um Sansão, mas de um homúnculo e, muitas vezes, o mais covarde e efeminado da nação.[7]

---

5. É. de la Boétie, op. cit., 2002, p. 128 [p. 12].
6. Não exatamente a primeira, mas todo o começo do texto é uma introdução irônica e rápida para dizer: "Basta, basta, não levantarei no meu tratado a questão debatida, rebatida do 'melhor dos regimes', não é aí que está o mistério político".
7. É. de la Bóetie, op. cit., 2002, p. 130 [p. 33].

Comentando esse texto de La Boétie,[8] Simone Weil fala das aberrações da física política. Que o mais pesado prevalece sobre o mais leve, que o mais robusto submete o mais frágil e que os mais numerosos esmagam os menos numerosos são evidências que todos experimentam, que ninguém pensaria em questionar. *Exceto nas relações de poder*. A história política dos homens é exatamente a demonstração do contrário: uma elite minúscula domina a imensa maioria, um autocrata sozinho mantém sob seu jugo populações inteiras. Enigma do poder:

> Se na rua um homem luta contra vinte, será sem dúvida deixado para morrer na calçada. Mas, com um sinal do homem branco, vinte coolies anamitas podem ser chicoteados, um depois do outro, por um ou dois chefes de equipe.[9]

É preciso começar por essa pergunta. Não se surpreender nem se espantar pelo que a alma do déspota pode conter de demoníaco, fazer disso o objeto de longas litanias moralizadoras sobre a profundidade do mal, mas se deixar surpreender por outra coisa: como é possível que eles obedeçam, ao passo que, se todos se unissem, *coletivamente*, evidentemente prevaleceriam? Simone Weil traz uma primeira resposta ao escrever: "O povo não é submisso apesar de ser maioria, mas porque é maioria".[10] Se a maioria é silenciosa, é sobretudo porque para ela é difícil encontrar uma única voz; é silenciosa porque imediatamente cacofônica. A organização das massas, o acordo imediato sobre um mesmo

---

8. Simone Weil, "Méditation sur l'obéissance et la liberté (1937)", in *Œuvres*. Paris: Gallimard, 1999 [*Meditacão sobre a obediência e a liberdade*, trad. Cícero Oliveira. Belo Horizonte: Edições Chão de Feira, 2016].
9. Ibid, p. 490 [p. 3].
10. Ibid.

projeto, o fôlego comum são exceção: para entender, é preciso começar a pôr de lado todas as desconfianças. Ora, os rumores se espalham rápido, e sujeita-se a dignidade a não querer se deixar enganar pelo vizinho. A minoria, ao contrário, organiza-se, conspira e se solda. A elite é imediatamente solidária consigo mesma.[11] Um povo só sente sua força quando não tem mais nada a perder.

Mas, enfim, isso talvez seja psicologia demais; não bastaria dizer que os sujeitos obedecem precisamente porque são submissos, isto é, coagidos pela força, prisioneiros do medo? No entanto, se há relação de forças, ela é desigual para o tirano, como acabamos de dizer: um contra a multidão – "um" só homem, que não é um semideus dotado de força hercúlea, que não é um prodígio de força. Mas esse homem "sozinho" tem à sua disposição forças armadas, uma polícia, uma justiça de classe, censores profissionais, informantes. É então que no texto o uso do "vós" se aguça:

> De onde tirou tantos olhos com os quais vos espia, se não os colocais a serviço dele? Como tem tantas mãos para golpear-vos, se não as toma de vós? Os pés com que espezinha vossas cidades, de onde lhes vêm senão dos vossos?[12]

Ao alegar que é entre o povo que se recrutam espiões, guardiães da ordem, oficiais de justiça, no entanto, só nos afastamos do

---

11. Mancur Olson, em *A lógica da ação coletiva* (trad. Fabio Fernandez. São Paulo: Edusp, 2015), não dirá outra coisa: as maiorias, as grandes massas, apesar de sua potência, são incapazes de se organizar, pois a desconfiança paralisa a ação, a suposição da má vontade do outro basta para desestimular os projetos. A evidência do interesse comum não consegue, ou muito pouco, mobilizar, pois o medo de se ver substituído e enganado por outra pessoa aniquila as construções comuns.

12. É. de la Boétie, op. cit., 2002, p. 138 [p. 16].

problema. Pois nesse ponto também se pode dizer: "Mas, vejam bem, a tirania é a construção de uma submissão piramidal. Cada um obedece temerosamente a seu superior hierárquico, e isso segue, de baixo para cima, até o tirano que decide *sozinho*". A representação vertical mascara a cadeia horizontal das cumplicidades e a parcela de compaixão prazerosa que cada um se vê oferecer em um regime tirânico. Suportamos ser tiranizados sobretudo porque nos vemos oferecer o prazer de nos tornar o tirano de um outro: "Assim o tirano subjuga os súditos uns através dos outros".[13] O que sustenta a tirania é sua estrutura "democrática". Cada tiranizado se vinga de sua condição sendo, por sua vez, tirânico para com um outro, de modo que a relação de obediência, longe de formar dois grupos separados (dirigentes/dirigidos), penetra todo o corpo social, e todos são cúmplices, cada qual leva sua parcela de prazer de ser autorizado a ser tirano de outrem.[14]

Poderíamos recorrer a razões mais clássicas. La Boétie também as fornece: o embrutecimento do povo, afastado, distraído pela multiplicação das tavernas e dos bordéis, dos jogos e dos prazeres fáceis. Mas também o costume: à força, a servidão se torna uma segunda natureza; perde-se até o desejo, até o gosto, até a lembrança da liberdade. "A primeira razão da servidão voluntária é o hábito."[15] Mas a evocação dos pontos de gozo de-

13. Ibid., p. 174 [p. 32].
14. Para uma ilustração histórica potente desse contágio tirânico compensatório, ver o livro de Orlando Figes (*Les Chuchoteurs: Vivre et survivre sous Staline*, trad. Pierre-Emmanuel Dauzat. Paris: Denoël, 2009), que conta como a perseguição stalinista, no contexto de denúncia incentivada e recompensada, não era apenas uma verificação de ortodoxia visando a eliminar qualquer oposição política articulada, mas também (e talvez principalmente) uma oferta que permitia a cada um se sentir o detentor de um poder ilimitado sobre o outro.
15. É. de la Boétie, op. cit., 2002, p. 155 [p. 24]. Ver adiante nossa repetição dessa citação no capítulo 6, "Do conformismo à transgressão".

sorganiza esses esquemas tradicionais de explicação pelo medo e pelo hábito.

La Boétie evoca também a possibilidade de uma adesão mais maciça, quase um fervor. O texto torna-se então satírico, violento, injusto, até injurioso: essas mulheres que o tirano viola são vocês que as entregam; suas produções que ele taxa, são vocês que as oferecem; e vocês criam as crianças que ele envia à guerra.[16] Participação ativa, entusiasta de cada um e de todos em sua própria espoliação. Os exageros não são apenas retóricos. Ajudam a entender um ponto de inflexão na obediência: esse momento de aceitação irracional que ultrapassa a obrigação objetiva, em que engajamos nossa própria submissão com energia, com desejo. Vejo-os, escreve La Boétie, "não obedecer mas servir";[17] "[o povo] servindo tão francamente e de tão bom grado que ao considerá-lo dir-se-ia que não perdeu sua liberdade e sim ganhou sua servidão".[18] Mais tarde, Espinosa escreverá: [Vejo por todo lado aqueles que combatem por] sua servidão como se fosse por sua salvação".[19]

Não busquem no *Contra um* algum apelo à sublevação generalizada. Na perspectiva da submissão, exortaríamos evidentemente à inversão da relação de forças, à revolta. Mas, se a obediência não é o produto de uma coação exterior, a verdadeira revolução deve começar por uma *abdicação interior*. O texto não

---

16. "Semeais vossos frutos para que deles faça o estrago; mobiliais e encheis vossas casas para alimentar suas pilhagens; criais vossas filhas para que ele tenha com que embebedar sua luxúria; criais vossos filhos para que ele faça com eles o melhor que puder, leve-os em suas guerras, conduza-os à carnificina" (É. de la Boétie, op. cit., 2002, p. 139 [p. 16]).
17. Ibid., p. 130 [p. 13].
18. Ibid., p. 148 [p. 20].
19. Prefácio ao *Tratado teológico-político*, trad. Diogo Pires Aurélio. São Paulo: Martins Fontes, 2003, p. 8.

emite nenhum grito de guerra, nada de "Todos unidos contra o infame". No entanto, Montaigne escreve que o tratado foi escrito "contra os tiranos". Devemos resistir não ao poder em suas formas instituídas, e sim sobretudo ao nosso desejo de obedecer, à nossa adoração pelo chefe, porque são precisamente esse desejo e essa adoração que o *sustentam*. A afirmação reaparece regularmente: não lhes peço que peguem em armas, mas que simplesmente parem de fazer com que o poder exista e se mantenha por essas garantias que vocês lhe dão, esse crédito que lhe concedem continuamente: "Não se deve tirar-lhe coisa alguma e sim nada lhe dar".[20] Isto é, não se trata de extirpar alguma coisa do poder, mas, antes de mais nada, trata-se de parar, sobretudo parar de *fornecer*, de lhe dar até mais do que ele pede.

O enunciado de fundo seria algo como: "Não lhes peço nem mesmo que desobedeçam, mas se ao menos puderem *parar de obedecer*, ou melhor, parar de super'obedecer'". Aí está uma definição explosiva da liberdade, longe das determinações jurídicas ou sociais (a liberdade como direito, a liberdade como condição material): a liberdade é, antes de mais nada, uma disposição ética. Por isso La Boétie diz, com afronta: o que caracteriza a liberdade é que *basta desejá-la para obtê-la de imediato*.[21] Ser livre é essencialmente querer ser livre. O que assusta é que a liberdade esteja a tal ponto na vertical de nossa responsabilidade. Ela é essa vertical. Não somos responsáveis porque livres, mas livres porque responsáveis. É por isso que o que desejamos espontaneamente são as formas de nossa servidão, e nelas nos acomodamos: "Só a liberdade os homens não desejam; ao que parece não há outra razão senão que, se a desejassem, tê-la-iam".[22] Mais pro-

20. É. de la Boétie, op. cit., 2002, p. 134 [p. 14].
21. "Para ter liberdade basta desejá-la" (ibid., p. 135 [p. 14]).
22. Ibid., p. 137 [p. 15].

vocação. Digam aos jornalistas presos por delito de opinião nos regimes autoritários, digam aos novos escravos da produtividade, aos deserdados da globalização que, para ser livre, basta querer.

Ser livre, desfere La Boétie, é, antes de mais nada, emancipar-se do desejo de obedecer, estancar em si a paixão da docilidade, parar de trabalhar, sozinho e por si mesmo, por sua própria alienação, fazer calar em si o pequeno discurso interior que legitima por antecipação o poderio que esmaga. Não é o poder que nos mistifica, nós o mistificamos perpetuamente: "[Ele] tem apenas o poderio que eles lhe dão; não tem o poder de prejudicá-los senão enquanto têm vontade de suportá-lo".[23]

Uma proposição de desobediência se deduz dessa definição radical, o que poderíamos chamar de "submissão ascética". O texto deixa imaginar que uma maneira de desobedecer seria uma obediência *a minima*: uma obediência calculada ao milímetro, uma obediência que faria um esforço perpétuo sobre si mesma para se reduzir, fazer-se a mais diminuta possível, que suprimiria sistematicamente a parcela de zelo imbecil que o *Tratado* denuncia.

Repetiu-se muitas vezes: a submissão é uma relação de forças que torna a desobediência impossível, despropositada, demasiado custosa. O que chamo aqui de submissão "ascética" – uso o termo no sentido grego de "exercício", entendendo, portanto, uma submissão que seria um trabalho de si sobre si mesmo, não no sentido sacrificial de renúncia –[24] é o estado em que o indivíduo se esforça para calcular, no que lhe mandam fazer,

---

23. Ibid., p. 128 [p. 12].
24. Ver, sobre esse sentido positivo e dinâmico da ascese, Michel Foucault, *L'Herméneutique du sujet: Cours au Collège de France (1981-1982)*, org. F. Gros. Paris: Gallimard, 2001, pp. 305-07 [*A hermenêutica do sujeito*, trad. Márcio Alves da Fonseca & Salma Tannus Muchail. São Paulo: Martins Fontes, 2010, pp. 385-87].

uma obediência *a minima*. Obedecer, sim, posto que a situação objetiva o impõe, mas tentando a cada vez tornar a execução da ordem a menos completa, a mais vagarosa, a mais defeituosa possível, levando sua realização ao limite da sabotagem. Obediência a contragosto, de má vontade.

Não se trata de desobedecer "ativamente", mas de obedecer da pior maneira possível; falamos de submissão "ascética" para dizer que não se trata de uma simples negligência passiva ou de inércia – mesmo que essa inércia possa representar uma força de resistência explosiva, como se vê no personagem de *Bartleby*, de Melville, que, sem nunca obedecer, "preferiria não..."[25] – e sim de um trabalho de depuração pelo qual me esforço para eliminar tudo o que, na minha obediência, poderia significar um princípio de adesão.

Jacques Semelin fala de "resistência civil" para designar esses atos de resistência pacífica.[26] Ele enumera um conjunto de resistências inventivas que não empregam a força bruta, mas constituem estratégias de não cooperação que estão à disposição das populações civis, sem que esses atos apareçam jamais como atos de revolta aberta, de rebelião franca. Por exemplo, o que se lê, entre outros "Conselhos ao ocupado", num panfleto distribuído sob Vichy: "Seja correto com eles, mas não vá além do que eles desejam".[27] Mais extensos, os "dez mandamentos de um dinamarquês", promulgados no momento em que a Dinamarca se torna satélite da Alemanha, enunciam:

---

25. Gilles Deleuze, "Bartleby, ou la formule", in Herman Melville, *Bartleby*. Paris: Flammarion, 1989 ["Bartleby, ou a fórmula", in *Crítica e clínica*, trad. Peter Pál Pelbart. São Paulo: Editora 34, 1997, pp. 80-103].
26. Em seu livro *Sans armes face à Hitler*. Paris: Les Arènes, 2013.
27. Apud J. Semelin, ibid., p. 93.

Você deve fazer um péssimo trabalho para os alemães; deve praticar o trabalho em marcha lenta para os alemães; deve destruir todas as ferramentas que poderiam ser úteis aos alemães; deve tentar destruir tudo que possa ser vantajoso aos alemães; deve atrasar todos os transportes para a Alemanha; deve boicotar os jornais e os filmes alemães; não deve comprar nada nas lojas alemãs.[28]

Não é um chamado às armas: trata-se de permanecer submisso. Mas a ideia é desencorajar em si mesmo tudo que poderia configurar a propensão à adesão – nunca antecipar o desejo do chefe, pensando consigo que, afinal, já que sou objetivamente submisso, é melhor agora tentar tirar o máximo proveito da situação causando uma boa impressão.

Assim que se fala "resistência" ao ocupante nazista, pensamos espontaneamente no heroísmo dos maquis armados explodindo trens ou pontes, atacando de surpresa batalhões alemães isolados. Essas proezas alimentam o imaginário da resistência. Todo o trabalho de Jacques Semelin em seu livro consiste em realçar a importância e mesmo a eficácia de formas de resistência menos visíveis, mais furtivas: boicotes, trabalho em marcha lenta, demissão quando se é funcionário, negligências calculadas – "chveikismo" sistemático.[29] Entre a colaboração franca e a

28. J. Semelin, op. cit., 2013, p. 94. Conforme Hannah Arendt afirma, sobre esse exemplo dinamarquês de resistência civil: "É forte a tentação de recomendar a leitura obrigatória desse episódio da ciência política para todos os estudantes que queiram aprender alguma coisa sobre o enorme potencial de poder inerente à ação não violenta e à resistência a um oponente detentor de meios de violência vastamente superiores", in *Eichmann em Jerusalém: Um relato sobre a banalidade do mal*, trad. José Rubens Siqueira. São Paulo: Companhia das Letras, 1999, pp. 189-90.
29. Do nome do "valente soldado Chveik", personagem tcheco legendário que se faz de imbecil e age como se nunca compreendesse nada do que o mandam fazer.

resistência armada existe uma terceira via, uma conduta intermediária, uma "acomodação" à situação de submissão, certamente, mas uma acomodação arisca. A obediência torna-se refratária, *desengajada* – coloca-se o mínimo de empenho possível na execução das ordens – e *resistente*. Submissão objetiva no contexto de resistência subjetiva: de que forma obedecer sem colaborar, ser submisso permanecendo digno, manter, em plena situação de ocupação, a integridade moral, a identidade ética: "Os rebeldes em espírito aprendem a agir 'como se' fossem submissos".[30]

Esse excesso ao qual o submisso acético se recusa é precisamente, para La Boétie, o que *faz manter* o poder político. Não os vejo, escreve ele, somente "obedecer mas servir".[31] Servir é mais que obedecer, é fornecer garantias, antecipar os desejos, obedecer o melhor possível, fazer de sua obediência a expressão de uma gratidão, justificar as ordens que nos dão; o que poderíamos chamar de "superobediência".

Conhecemos, na história do pensamento, outros "conceitos ampliados". O conceito ampliado designa, para um conteúdo dado, um excesso em relação à sua determinação primeira, sua funcionalidade inicial. Em *O capital*, Marx fala de "trabalho excedente" e de "mais-valia". O trabalho excedente é uma quantidade de esforços dispendidos pelo operário além do que ele já produziu como valor para restaurar as forças de seu corpo, as energias do viver – o trabalho excedente cria, portanto, a mais-valia que vai para o bolso dos patrões. Kantorowicz fala do "supercorpo" do rei; o supercorpo do rei é a substância eterna, mística da realeza que garante a permanência, para além

---

30. "Assim como o espírito dominante pode fazer 'como se' os comportamentos desviantes não existissem, os rebeldes em espírito aprendem a agir 'como se' fossem submissos" (J. Semelin, op. cit., 2013, p. 344).
31. É. de la Boétie, op. cit., 2002, p. 130 [p. 13].

da sucessão física dos monarcas.[32] Último exemplo: em seu curso sobre *Teorias e instituições penais*, Foucault articula o que ele chama de supersaber – um saber que, além das capacidades de conhecimento objetivo, dá àquele que o detém um "poder a mais" que excede o que só a competência científica permite.[33]

O *Discurso sobre a servidão voluntária* é o primeiro texto sobre a "superobediência". Cada um obedece sempre mais do que é realmente requerido pela situação de submissão. *E é esse excesso que faz manter o poder político*. Se os indivíduos fossem simplesmente submissos, ele não duraria mais que alguns segundos: "Não pretendo que o empurreis ou sacudais, somente não mais o sustentai, e o vereis como um grande colosso, de quem se subtraiu a base, desmanchar-se com seu próprio peso e rebentar-se".[34]

Terminaremos pela frase do *Discurso*, talvez a mais citada, comentada, desdobrada:

> Coisa extraordinária, por certo; e porém tão comum que se deve mais lastimar-se do que espantar-se ao ver um milhão de homens servir miseravelmente, com o pescoço sob o jugo, não obrigados por uma força maior, mas de algum modo (ao que parece) encantados e enfeitiçados apenas pelo nome de um.[35]

Qual é esse novo prodígio? Aqui, o pensamento hesita, estamos reduzidos às hipóteses. Vamos chamá-lo de: "narcisismo social", derivas do princípio de encarnação, ou, melhor ainda, relação

---

32. Ernst Kantorowicz, *Les Deux Corps du roi*. Paris: Gallimard, 1989 [*Os dois corpos do rei*, trad. Cid Knipel Moreira. São Paulo: Companhia das Letras, 1998].
33. M. Foucault, *Théories et institutions pénales: cours au Collège de France (1971-1972)*. Paris: Le Seuil, 2015, pp. 211-15.
34. É. de la Boétie, op. cit., 2002, pp. 139-40 [p. 16].
35. Ibid., pp. 128-29 [p. 12].

"imaginária" com o poder. A raiz da idolatria é o desejo de se sentir existir em outro lugar, de desfrutar à distância de uma existência luminosa, de se sentir *alguém*, através e a partir da adoração do que me domina. Ora, não se trata de uma admiração solitária. A adoração funde as comunidades, e as multidões adoram adorar, para sentir a vibração de um "Nós". É o nós dos povos orgulhosos de si mesmos e de sua história, o das comunidades – estéticas, políticas, religiosas – fundidas, orgulhosas. A substância e a unidade mágicas desse "Nós" são autenticadas pelo autocrata, solitário e distante, cuja aura mística nunca passa da projeção dessa adoração comum: "encantados e enfeitiçados apenas pelo nome de um".

Os pensadores do contrato, voltaremos ao assunto,[36] haviam imaginado um primeiro estado da humanidade marcado pela discórdia, pelas divisões, pela guerra e pela miséria: sem Estado, os indivíduos isolados penam para viver, infelizes e desconfiados. "Guerra de todos contra todos", escreve Hobbes. Escapamos a esse estado de miséria por meio de um pacto social: decisão racional de viver juntos, instituição de uma autoridade única, unívoca, engajamento unânime a obedecer às leis comuns. É a definição racional da produção da unidade social: passagem da desordem à ordem, das paixões violentas à razão pacífica, da multidão dispersa e selvagem ao povo civilizado. Nascimento do Estado.

Sem dúvida, La Boétie também escreve: o poder, são *vocês que o concedem* ao soberano. Mas a obediência de que ele fala não é a transferência racional dos direitos naturais que Hobbes descreve, por exemplo, e que faz com que se prefira a segurança à liberdade. A obediência, em La Boétie, se deduz de uma relação

---

36. Ver adiante o capítulo "Do consentimento à desobediência civil".

fascinada em que o corpo social se constitui como "um" a partir de uma adoração comum, em que o corpo social adora a si mesmo em sua prosternação. O tirano é a figura invertida do bode expiatório. Fazemos comunidade para adorar, e não para odiar. Pode uma comunidade, entretanto, sentir-se unida, soldada, *viva* de outro modo senão pela promoção de um chefe que a represente, a encarne – ou pela designação de um infame que ela execre? Será possível para um grupo desfrutar de si mesmo de outro modo senão perpassado por ondas de lealdade idólatra, uma corrente ardente de adoração, todas essas emoções dirigidas a um objeto único? Massa quente, palpitante, mística. "Todos unidos." Com que se pagam esses momentos de comunhão? Com a perda de todo poder crítico. E para se desfazer da mistificação não há outro caminho senão a amizade: "A natureza [...] fez-nos todos da mesma forma [...] para que nos entreconhecêssemos todos como companheiros".[37] A amizade é sempre de um para um; é certo que no final se acabe constituindo uma rede, mas esta nunca é abrangente e se opõe radicalmente à dissolução num todo fusional. A amizade é uma máquina de guerra contra as comunidades de obediência. Ela se alimenta de discussões, concessões, compartilhamentos no que diz respeito a "fazermos, através da declaração comum e mútua de nossos pensamentos, uma comunhão de nossas vontades".[38] A partir do momento em que falamos, cessamos de adorar beatamente.

Desde Sócrates, pelo menos, a filosofia defende essa ideia da verdade como diálogo, como comércio simbólico claudicante, mas essa claudicação é um remédio contra os poderes. Não estou falando de uma verdade que contemplaríamos de forma

---

37. É. de la Boétie, op. cit., 2002, p. 141 [p. 17].
38. Ibid., p. 142 [p. 17].

inerme (o dogma), mas daquelas que trocamos com um outro. Cada um detém um grão de verdade que tenta trocar com um interlocutor, pois a verdade não é nada mais finalmente do que aquilo que *de grão em grão* se permuta. A amizade exclui a dissolução em "um" povo, "um" príncipe, "uma" nação. Ela se tece com grãos de verdade que fazemos circular. Para sair da fascinação muda das imagens, dos espelhamentos imaginários ("um" povo = "um" tirano), é preciso entrelaçar a rede de sociedades de amigos, plurais, dispersas, discutindo ferozmente, mas sem ódio, e nunca terminando de polir seus desacordos pelo atrito que cada um faz de sua alma contra o discurso dos outros. A amizade à antiga é esse "todos uns", como diz La Boétie, que não é do "todos Um" e nos preserva das tiranias. A Natureza, escreve ele definitivamente, "não queria tanto fazer-nos todos unidos mas todos uns".[39] É além da Natureza que a política, aquela que se baseia na obediência de todos, inventa a unidade fanática.

39. Ibid.

4. DA SUBORDINAÇÃO AO DIREITO DE RESISTÊNCIA

Gostaria de retomar brevemente, mesmo que o texto de La Boétie a tenha desorganizado, a relação de submissão. Eu havia mostrado, entretanto, seu poder de desmistificação. A relação de submissão econômica é uma realidade tenaz que o pensamento político tenta ignorar agitando falsas aparências, enquanto aí se encontra a concretude das relações entre o Estado e os indivíduos: relações de forças.

Com Marx – ou mesmo já Trasímaco, no livro I da *República* –,[1] alega-se que *no fundo das coisas* essas relações de submissão forçada constituem o núcleo do real histórico. E a obediência política, o respeito às leis, apesar do que se diz e apesar do que se inventa, nunca é mais que o resultado de uma polícia armada e de uma justiça parcial – ou, mais secretamente, dessa interiorização insidiosa sob a forma de uma "educação moral", em outras palavras, da "violência simbólica".[2]

Volto ao texto de Aristóteles sobre o escravo, no livro I da *Política*, porque na verdade afastei-me dele anunciando de saída: a submissão é uma relação de forças histórica, portanto reversível. Por isso a insubmissão é seu avesso, seu futuro próximo, sua revanche.

No entanto, Aristóteles formula outra questão: a de saber se a distribuição entre as superioridades e as inferioridades não seguiria, afinal, desníveis *naturais*.[3] E, em vez de dizer que a situação respectiva dos dirigentes e dos administrados, dos chefes e

1. Sobre a "investida" de Trasímaco contra Sócrates, no livro I da *República* de Platão, ver mais uma vez o capítulo 13, "Pensar, desobedecer. Remetendo à *República*".
2. Ver Pierre Bourdieu, "A forma suprema da violência simbólica", in *Meditações pascalianas*, trad. Sergio Miceli. São Paulo: Bertrand Brasil, 2001, pp. 101-02; ou P. Bourdieu & Jean-Claude Passeron, *A reprodução: Elementos para uma teoria do sistema de ensino*, trad. Reynaldo Bairão. Petrópolis: Vozes, 2009.
3. É todo o debate sobre "o escravo natural" discutido no capítulo 5 do livro I (1254a-b).

dos submissos, dos patrões e dos operários, depende de uma relação de forças histórica, vale dizer, precária, arbitrária, contingente – e, portanto, finalmente que tem sua fonte, sua origem em uma violência injustificável e remota (a obediência então seria sempre ao mesmo tempo provisória e imposta) –, é preciso talvez pensar que as hierarquias fazem parte da ordem da natureza, que a diferença entre o inferior e o superior se inscreve numa estratificação cósmica, que a divisão comandante/comandado, governante/governado participe da perfeição de uma ordem natural ou divina, uma perfeição harmônica que as desigualdades *realizam*.

Pode-se – e sei que meu discurso será imediatamente identificado, por nossa cultura igualitária pós-revolucionária, como reacionário, conservador – prolongar a ideia do "escravo natural" dizendo o seguinte: "Mas, enfim, é preciso admitir, as diferenças de talento entre os indivíduos são inatas, insuperáveis. Inteligência, capacidade ou desejo de iniciativa, rigor metódico, energia inovadora, as qualidades são distribuídas de forma desigual. Ora, para que uma empresa funcione, para que uma dinâmica se desenvolva, é preciso designar os que decidem entre os mais bem-dotados, nomear os responsáveis certos, preencher os papéis sociais segundo o natural de cada um. Afinal, alguns são feitos para comandar, enquanto outros seriam medíocres, contraproducentes, catastróficos para cargos de alta responsabilidade, ao mesmo tempo que se revelam excelentes executores. A cada qual seu lugar, enfim, e é natural que haja diferenças".

A ideia é que o lugar que cada um ocupa seja efetivamente deduzido de *sua* natureza. Resta o problema, evidentemente, de saber como identificar os melhores, a partir de quais critérios se fará a seleção, sabendo que Aristóteles constata que vemos todos os dias homens livres em corpos de escravos, e escravos em corpos de homens livres.[4]

Mas, se as hierarquias são efetivamente naturais, requerem outro estilo de obediência: a "subordinação", que vai supor não somente a existência, a objetividade, a naturalidade dessa ordem, mas também, da parte do sujeito, um movimento de *reconhecimento* da autoridade, da superioridade, da legitimidade da instância que comanda. Nada a ver com a obediência lamentável, refratária, forçada do submisso.

Afinal, essa forma de poder que denominamos "autoridade" – que se impõe sem coação[5] nem violência, quando também supõe uma relação hierárquica indiscutível, não negociável – é sustentada pelo pequeno discurso do subordinado transbordante de gratidão: "Sim, reconheço a superioridade daquele que comanda (sua competência, seus conhecimentos, sua ciência, sua experiência, sua antiguidade); reconheço a legitimidade do chefe, a pertinência da hierarquia, e não me permitirei discutir suas ordens ou suas diretivas".

Para ilustrar esse estilo de obediência, temos a figura, frágil mas insistente, da criança: evidência, mas também passagem ao limite. O pensamento político, de forma sub-reptícia mas sistemática, gosta de encontrar na relação parental a encarnação da relação de autoridade. Por quê? Porque não há nada mais naturalmente legítimo, nada mais intuitivamente fundado que a obediência da criança a pais ciosos de sua educação e de seu bem-estar.

---

4. *A política*, I, 5, 10, 1254b.
5. Seguimos aqui a definição de Hannah Arendt em "O que é a autoridade?", in *Entre o passado e o futuro*, trad. Mauro W. Barbosa de Almeida. São Paulo: Perspectiva, 2014.

Obediência natural, ancorada nessa comunidade imanente, diríamos quase biologicamente constituída, da família. Se a figura do escravo atrai todo um imaginário de violência, de obediência obtida a sangue e lágrimas, reduzindo o indivíduo a uma sobrevida sem dignidade – e é preciso sempre se perguntar: quem são hoje os novos escravos? –, a da criança, ao contrário, faz pensar numa obediência plena de doçura, de deferência. Docilidade: a subordinação permite imaginar, para além mesmo da criança objeto da solicitude parental, que há, que haveria talvez escravos e senhores, chefes e subordinados, dirigidos e dirigentes naturais. Obedecer, então, não é mais sujeitar-se a uma imposição que obriga a suportar o insuportável, mas conformar-se docemente a essa ordem que põe cada um em seu lugar, é situar-se na vertical de uma harmonia que traz felicidade. Agostinho chama essa ordem de *concordia ordinata*.[6] Obedecer é encontrar seu verdadeiro lugar, lá se ordenar, lá se sentir bem.

Utopia política: sonho com crianças obedecendo a pais que amam e cercam sua prole de afeto e proteção; sonho com escravos obedecendo a senhores bons, porém sem indulgência, severos mas justos, que dirigem a casa com firmeza para garantir uma prosperidade de que no final todos usufruem; sonho com empregados obedecendo sem discutir às instruções de um superior o qual imaginam que faz "a máquina funcionar" e que, graças aos benefícios colossais desta última, receberão recompensas consequentes. E, por que não, sonho com súditos obedecendo a um monarca impregnado de virtudes, amante da justiça, sábio,

---

6. *A Cidade de Deus*, livro XIX, cap. XIV: "[...] a paz doméstica [é] a ordenada concórdia entre quem manda e os que em casa obedecem. Mandam os que cuidam, como o homem à mulher, os pais aos filhos, os patrões aos criados. Obedece quem é o objeto de cuidado, como as mulheres aos maridos, os filhos aos pais, os criados aos patrões"(*A Cidade de Deus*, parte II, trad. Oscar Paes Leme. Petrópolis: Vozes, 2012, p. 480).

sabendo com seu exemplo e sua ação assegurar a concórdia social; sonho com cidadãos respeitando as leis promulgadas por dirigentes competentes, ciosos do bem público, trabalhando sem descanso para a construção da utilidade comum e a proteção de todos... Essa governamentalidade da solicitude, ilustrada pelas metáforas do piloto imbuído do dever de levar seu navio e toda a tripulação a bom porto, do pastor cuidando de seu rebanho, do médico cioso da saúde de seus doentes, foi objeto dos grandes tratados de política utópica. Governar é proteger, cuidar. Os sujeitos políticos constituem um povo de crianças gratas e medrosas que o Estado protetor e ralhador carrega sob sua asa, sua copa, sua tutela. Essa obediência de gratidão que todo dirigente sonha suscitar diz respeito, no dirigente, a três qualidades: a competência (obedecemos a ele porque ele tem a ciência, o conhecimento), a virtude (obedecemos a ele porque conhecemos sua integridade moral) e a solicitude (obedecemos a ele por seu cuidado pelos outros).

Nesse ponto de utopia, temos de fazer algumas observações. A primeira concerne, no limite dessa narrativa, em seu mais alto grau, à dissolução ética da distinção entre comando e obediência. Santo Agostinho capta essa inversão e insiste nela:

> [Na casa do justo], quem manda também serve aqueles que parece dominar. A razão é que não manda por desejo de domínio, mas por dever de caridade, não por orgulho de reinar, mas por misericórdia de auxiliar.[7]

O chefe de família se obriga a manter seu lar em ordem, empenha-se em antecipar os reveses e os infortúnios; os pais são tortu-

7. Ibid.

rados pelas preocupações com o futuro dos filhos; os dirigentes de empresa se afligem pela antecipação da concorrência. Do mesmo modo, pode-se também imaginar um dirigente político esmagado pela grandeza, pelo peso e pela extensão de sua tarefa, zelando sem tréguas para defender o bem comum. Todos esses chefes competentes, esses senhores ciosos, esses dirigentes íntegros, atormentados pela consciência de sua responsabilidade, quando dão ordens, promulgam leis, comandam, pois bem, de forma secreta, tácita mas decisiva, eles *obedecem*. É por meio de seu estatuto de superior que estão fundamentalmente *a serviço*: do bem geral, da ordem pública, de seus filhos, de seus administrados, de seus "subordinados". As hierarquias são funcionais, estatutárias, mas todos, quer estejam na base ou no alto da pirâmide, estão a serviço de uma ordem que é o fim último. As desigualdades desaparecem por trás da abnegação de cada um empenhado, seja qual for seu grau, em produzir uma ordem que o ultrapassa: a família, a empresa, o Estado. Aristóteles ou Agostinho afirmam que a perfeição dessa ordem, que dá a cada um seu lugar exato, é trazer benefícios a todos. Quer comande, quer obedeça, cada qual, conformando-se, cumpre sua natureza, realiza seu ser.

Desse ponto de vista, a desobediência só pode ser um ato louco, irracional, criminoso até. Revolta inaudita, *diabólica*. Testemunho do pecado original: "que se retribuiu, como pena, ao pecado de desobediência, senão a desobediência?".[8] Se deixarmos de lado o aspecto sexual (a tentação da luxúria) ou cognitivo (a vontade de saber), o pecado de Adão quer ser compreendido por Agostinho como o ato de desobediência daquele que se revolta contra a ordem de Deus, em nome de um orgulho insano.[9]

8. Ibid., livro XIV, cap. XV, p. 186.
9. Ibid., cap. XIII, p. 182.

Ato insensato, demente, afirmação enorme e louca do "Eu" que introduz o mal no cerne da vontade humana, a perdição no centro de sua história. Se a relação de subordinação como conformidade a uma ordem natural determina uma obediência de gratidão, então a desobediência é um ato monstruoso, perverso. A doutrina do pecado original, todavia, dissolve a simples oposição entre uma obediência de gratidão e uma desobediência de orgulho. O pecado original nos leva de volta ao real: os dirigentes competentes e responsáveis, os chefes solícitos para com os empregados, os superiores hierárquicos sensíveis à felicidade de todos são a exceção. O que se vê, a pulular por toda parte, são os contramestres tirânicos, os dominantes incompetentes (princípio de Pedro). A ganância e o gozo do poder são a regra. Nas relações econômica e política desencadeiam-se as paixões iníquas: sede de dominação, instinto tirânico, gosto imoderado pelas riquezas.[10]

Quando o sujeito político é governado por um ambicioso cínico, o que ocorre com sua obediência? A partir do momento em que a condição da relação de subordinação (uma suposta superioridade moral, espiritual, intelectual reconhecida do dirigente político) vai para os ares, estaria ele autorizado enfim a desobedecer e a se revoltar, a se tornar um insubordinado? A primeira reação seria dizer: "Claro que sim, um povo que se vê dirigido por um rei tirânico, uma nação que é presa de um governo corrupto, sujeitos políticos representados por incompetentes que só calculam sua carreira, evidentemente veem-se justificados a desobedecer".

[10]. Só mesmo no seio da família é que podemos considerar provável a exigência de uma obediência de gratidão, uma obediência "natural" – como se a intensidade do amor parental preservasse um pouco do vício e da perversão e permitisse subsistir uma ilha de naturalidade absoluta.

Em sua *Suma teológica*, Tomás de Aquino escreve que a lei pública tira sua força e sua razão (*vis et ratio*) orientando-se para a salvação comum dos homens. Uma lei, quando é injusta, perde o poder de nos obrigar (*virtus obligandi*).[11] A obediência às autoridades é, por definição, circunspecta. É dessa maneira que se articula o direito de resistência às autoridades políticas, reconhecido aos povos, quando as leis ignoram sua finalidade primeira: trabalhar para a utilidade de todos e construir a concórdia.[12]

Mas a intensidade da cultura cristã da obediência como via prioritária da salvação e talvez, sobretudo, o medo de que a desordem política provocada pela insubordinação se revele mais aterrador que a injustiça do governo vigente ("antes a injustiça do que o caos") podem também conduzir ao bloqueio da relação de obediência. Podemos encontrar a ideia de que se o senhor é irascível, caprichoso e brutal, se o rei se revela um tirano atroz e perverso, se o patrão se mostra terrivelmente ganancioso, seus vícios e seus defeitos, afinal,[13] não fazem nada mais que testemunhar a insistência do pecado; um pecado que, segundo o dogma cristão da transmissão, assombra, estrutura a vontade de *to-*

---

11. *Suma teológica*, Ia, IIae, Questão 96, artigo 4. Ou ainda as teses do *De Regno* (VII): "[...] competindo ao direito de qualquer multidão prover-se de rei, não injustamente pode ela destituir o rei instituído ou refrear-lhe o poder, se abusar tiranicamente do poder real. Nem se há de julgar que tal multidão age com infidelidade, destituindo o tirano, sem embargo de ter-lhe submetido perpetuamente, porque mereceu não cumpram os súditos para com ele o pactuado, não se portando ele fielmente, no governo do povo, como exige o dever real" ["Do reino ou do governo dos príncipes ao Rei de Chipre", in *Escritos políticos de Santo Tomás de Aquino*, trad. Francisco Benjamin de Souza Neto. Petrópolis: Vozes, 1997, p. 140].
12. Alessandro Fontana, "Du droit de résistance au droit d'insurrection", in Jean-Claude Zancarini (org.), *Le Droit de résistance, XIIe-XXe siècle*. Lyon: ENS--LSH Éditions, 2000.
13. Mais uma vez, encontraremos aqui o livro XIX de *A Cidade de Deus*, de Santo Agostinho.

dos, tanto a do governante como a do governado. De modo que, se podemos dizer que esses "superiores" arrogantes, detestáveis, viciosos desfiguram a ordem "natural" da solicitude – que, desde o pecado original, só pode existir de modo fragmentário –, realizam a ordem pervertida da Cidade dos homens. Ora, esse pecado, cuja escuridão eles expressam, habita também minha própria vontade. Devo, portanto, ser capaz de me dizer que, se o poder deles é *injusto*, é *com justiça* que se abate sobre mim, pois há sempre vício suficiente no íntimo de minha vontade para tornar o castigo justo e necessário. De modo ainda mais geral, monarcas atrozes põem à prova a paciência e a humildade do povo. De Agostinho a Lutero[14] encontramos a lição de que se deve obediência até mesmo a um governo tirânico e cruel, não mais certamente a obediência de gratidão, mas outra: a que suporta, padece e, eu quase diria, tira proveito da crueldade dos senhores, da corrupção dos governantes, para encontrar, na provação, um recurso para "a própria salvação do sujeito". O caminho da perfeição está semeado desses senhores cruéis que exercitam a obediência e aprofundam a humildade. Mas com uma enorme restrição, e aí a palavra de Pedro (obedecer a Deus e não aos homens) prevalece sobre a de Paulo (que cada um se submeta às autoridades): se um governo, ainda que socialmente justo, ofende a verdadeira religião ou professa o ateísmo, a desobediência torna-se um dever. De modo que é preciso, ao final das contas, preferir um príncipe despótico e cruel, mas que permita ou incentive o culto, a um rei cheio de bondade, que organize uma distribuição equitativa das riquezas, mas que contrariaria o exercício da verdadeira religião.

14. "Não há nada mais venenoso, funesto e demoníaco do que um rebelde" (*Contra as hordas salteadoras e assassinas dos camponeses*, 1525).

Vou um pouco mais fundo nessa reflexão sobre a obediência como subordinação, ainda permanecendo no âmbito da doutrina cristã. Decerto, a obediência define para o cristianismo uma via de salvação prioritária, privilegiada e mesmo absoluta: basta ler, sem ordem e ao acaso, além dos textos canônicos de Agostinho, o *Tratado da obediência* de Catarina de Siena, *A santa escada* de João Clímaco (particularmente o quarto degrau: "a bem-aventurada e sempre louvável obediência"),[15] as *Instituições cenobíticas* de João Cassiano ou as regras monásticas de São Bento ("odiar sua própria vontade", obedecer "imediatamente" e "de boa vontade"). A ideia mestra é dizer que, desde o pecado original – ato de orgulho insensato, afirmação demente do eu –, o caminho da salvação passa pela *humildade* (ser sempre inferior a qualquer pessoa), pela *sujeição* (nunca agir segundo sua própria vontade), pela *abnegação* (empenhar-se em extirpar a raiz de qualquer afirmação pessoal). Daí essas anedotas relatadas[16] que descrevem o modo como o perfeito cristão se põe em busca de estruturas de servidão para realizar sua santidade: obedecer o melhor possível (é a história do abade Pinúfio que obedecia tão bem que logo acabavam reconhecendo nele um mestre de humildade e lhe confiavam o comando, o que o forçava a fugir imediatamente e a mudar de convento para poder voltar ao lugar bem-aventurado do submisso), obedecer rápido (é a história do monge copista que, assim que ouve uma ordem, suspende no mesmo instante sua pena sem se dar ao trabalho de terminar de traçar uma *letra*), obedecer sem refletir às mais insanas ordens (é a história do abade João que regava todos os dias, por ordem de seu diretor, uma vara seca plantada no deserto).

15. São João Clímaco, *L'Échelle sainte*. Maine-et-Loire: Abbaye de Bellefontaine, 1997 [*A santa escada*. São Paulo: Cultor de Livros, s.d.].
16. Encontro-as no curso de Foucault pronunciado em 1980, *Do governo dos vivos*, trad. Eduardo Brandão. São Paulo: WMF Martins Fontes, 2014.

A intensidade mística dessa abnegação, essa corrida desvairada rumo à perda de si mesmo acabam paradoxalmente por constituir, em seu extremismo, uma forma de resistência e por parecer suspeitas. Os grandes místicos (João da Cruz, Teresa d'Ávila, todos os franciscanos "espirituais") assustaram a Igreja, que, no entanto, deveria ter-se encantado com sua postura de humildade perfeita. Mas a obediência mística, em seu exagero, *subverte* a postura de subordinação. Com efeito, ela já nem se constrange em reconhecer a legitimidade daquele que dá ordens. O próprio da subordinação, repito, é que a parte de vontade envolvida na obediência é animada pela convicção ancorada na pertinência das ordens que me dão: razoáveis e justas, pois provêm de uma fonte supostamente competente e virtuosa, íntegra, incorruptível. Na abnegação mística, a qualidade daquele que dá ordens importa pouco. Muito pelo contrário. O que os místicos precisam é de *verdadeiras* ordens, o que quer dizer ordens duras, terríveis, que insultem sua dignidade, firam sua honra, esgotem sua boa vontade, arrastem-nos aos limites de sua capacidade de negar a si mesmos, de se esquecerem na servidão, de se abandonarem na humilhação e na infâmia. Aquele que dá ordens é para eles só uma ocasião, um instrumento para experimentarem a profundidade da negação de si. O mestre é até provocado, desafiado: "Sou eu", diz o místico, "sou eu que tenho sede de obedecer; e a ti, meu mestre, meu superior, cabe mostrar que poderás estar à altura dessa avidez. E pouco importa no fundo que as ordens sejam justas e razoáveis: são apenas a matéria de um exercício indefinido de mortificação". Na abnegação mística, a obediência se autofinaliza. Trata-se de obedecer por obedecer, o que se busca é obedecer o mais vertiginosamente possível. Ou melhor, a própria obediência está a serviço de um empreendimento de negação indefinida de si: obedeço para poder desaparecer completamente, não mais existir como "Eu", ser apenas o servidor perfeito. Mas o místico também subverte a submissão. Obviamente mostra-se submisso, submete-se a imposições. Porém, em sua maneira mesma de aceitar as imposições, faz valer uma liberdade superior e *aspira* as ordens numa humildade que nunca acaba de encontrar ocasiões boas o bastante para se rebaixar. De modo que mesmo a submissão vem suportada por um ato de vontade plena. A abnegação mística faz valer uma postura-limite de obediência, algo como a reunião de dois extremos: uma liberdade suprema, um esforço sustentado, agindo, entretanto, para o sacrifício contínuo, perpétuo de si, para o abandono indefinido.

O "Eu" cresce na negação de si, ilustra-se nessa mortificação, orgulha-se de se rebaixar, e sua obediência é um desafio lançado ao outro de jamais poder dar ordens suficientemente duras. Obedecer *misticamente* é fazer valer a dureza de aço, o brilho de diamante desse eu que se heroiciza na humilhação até a dejeção de si mesmo. Com isso, o místico, porquanto faz de sua obediência uma aventura interior, resiste aos poderes.

5.
FILHA DE ÉDIPO

Antígona, a pequena, a frágil Antígona, magra, obstinada – não é precisamente dessa obediência subordinada, dessa docilidade respeitosa, que ela deveria dar provas a Creonte, seu tio? Impossível não falar de Antígona, não fazer surgir aqui o ícone cultural da revolta, o símbolo da contestação intempestiva, a egéria rebelde, essa personagem que, para nós, representa a desobediência altiva, pública, insolente.[1] Antígona – foi muitas vezes dito, escrito, repetido –, a história de Antígona é uma pura criação de teatro. Os textos mitológicos evocam a jovem, mas sumariamente, como filha de Édipo, sem fornecer mais detalhes. Serão Ésquilo (*Os sete contra Tebas*), Eurípides e Sófocles, sobretudo, que lhe darão consistência. Por meio deles ela se tornou, para nós, a heroína da desobediência.

Sófocles escreveu sua *Antígona* em 441 a.C., dez anos antes de *Édipo rei*. A tragédia do pai sucede, no tempo da escrita, à da filha. O autor fixa nessa obra uma identidade: a jovem virgem, apaixonada, intransigente, noiva de Hêmon, filho de Creonte. E, sobretudo, cristaliza a intriga: depois que, sob os muros de Tebas, seus dois irmãos, Etéocles e Polinices, entremataram-se, Antígona desafia a interdição do novo rei, recém-promovido. Creonte, seu tio, reinando sobre a cidade desde a morte dos irmãos, proibiu que se desse sepultura a Polinices, apontando-o como o traidor, o renegado, o agitador – foi ele quem sitiou a

---

1. Sobre Antígona, pode-se ler George Steiner, *Les Antigones*, trad. Philippe Blanchard. Paris: Gallimard, 1992, mas também Aliette Armel (org.), *Antigone*. Paris: Autrement, 1999; e ainda, na perspectiva que nos interessa aqui, L. Couloubaritsis & J-F. Ost (orgs.), *Antigone et la résistance civile*. Bruxelas: Ousia, 2004. Para as traduções, afora a bela tradução clássica de Paul Mazon (Paris: Belles Lettres, 1950), pode-se recomendar a de Jean e Mayotte Bollack (Paris: Minuit, 1999) e também, por seu vigor, sua "exaltação", a "tradução da tradução" de Friedrich Hölderlin por Philippe Lacoue-Labarthe (Paris: Christian Bourgois, 1978).

cidade dirigida por seu irmão. Ao primeiro (Etéocles) serão reservados funerais suntuosos, "nacionais".

Tebas, cidade de pó e de sangue, cidade de reis empolados, cidade regularmente acometida, mortificada pela morte, pela doença, pela peste, pela loucura de seus príncipes ou de suas rainhas, por muito tempo oprimida pela Esfinge até ser liberta por Édipo. Cidade amaldiçoada. Na véspera, pois, Tebas viu confrontarem-se em suas portas os irmãos inimigos com seus respectivos exércitos, viu ambos morrerem, sob seus muros e por seus próprios golpes. Creonte toma uma primeira medida: proíbe que o corpo do irmão amaldiçoado (o traidor) seja coberto de terra e receba as orações rituais. Que o cadáver apodreça ao sol, que sirva de alimento às aves, que seja uma chaga atroz à luz do dia!

O *incipit* da tragédia é a decisão de Antígona: enterrar seu irmão, como exige a moral familiar, cobrir seu corpo de terra, realizar os ritos ancestrais, de sorte que seu duplo espiritual possa apaziguar-se no país dos mortos. Portanto, enfrentar a interdição. Duas vezes, ao menos, perante os olhos dos soldados incumbidos da guarda do corpo, a insolente jovem arranha com as unhas frágeis a terra árida para arrancar algo com que fazer um manto de terra ao irmão. Duas vezes ela faz o gesto proscrito. Mas, pega em flagrante, imediatamente detida, a criminosa é levada ao novo tirano de Tebas que descobre com terror a traição em sua própria família: sua sobrinha, a filha de Édipo.

Creonte pergunta a Antígona se ela reconhece a "autoria" de seu gesto. É essa cena de confronto público (versos 502-590) que permanece a fonte inesgotável para pensar a desobediência pública.

Ante a determinação agressiva e pública da virgem, Creonte não tem outra saída, sob pena de se desautorizar, senão uma condenação capital. Decide uma execução paradoxal: Antígona deverá agonizar lentamente debaixo da terra. *Enterrada viva*. Aquela que não quis que o cadáver do irmão perseverasse em sua frieza sob a luz do dia é condenada a ser enterrada viva. O fim é conhecido: depois de sequestrada, Antígona se enforca em seu próprio túmulo. Seu noivo Hêmon, filho de Creonte, amaldiçoando o pai, enterra uma faca no peito. Logo, Eurídice, sua mãe – a mulher de Creonte –, segue o filho na morte. E Creonte, tirano paradoxal, acaba só, só com sua lei, seu decreto derrisório, seu poder e seu desespero.

A tragédia é imensa, o roteiro, impecável, os personagens, todos entrincheirados em suas identidades vacilantes – e seria preciso também falar de Ismene, irmã de Antígona, a comedida, a prudente; de Tirésias, o adivinho... Imensa tragédia que não tardou a suscitar cópias, reescrituras: em pleno episódio de guerra de Religião, *Antigone ou la piété* [Antígona ou a piedade], de Robert Garnier (1580); depois, meio século mais tarde, Jean de Rotrou. E é por ela que Racine começa, com *A tebaida* (1664), quando escreve sua primeira peça. No século XX, encontramos "as Antígonas" (para retomar a expressão de George Steiner) de Jean Cocteau (1922), de Bertolt Brecht (1948), de Jean Anouilh, cuja peça, representada durante a Ocupação (1944), põe em cena aquela que Lacan chamará "a pequena fascista".

Reescritos perpétuos, reatualizações incessantes: Jean-François Ost escreveu uma *Antigone voilée* [Antígona velada]. A cada vez repete-se o processo, o destino, restabelece-se a identidade de Antígona.

Inumeráveis reescritas, às quais é preciso acrescentar o grande número de comentários, leituras, interpretações, decisões conceituais, montagens teóricas. Antígona ocupou as grandes cabeças pensantes, mentes exaltadas, intelectuais brilhantes: de Hegel a Judith Butler,[2] de Hölderlin a Lacan, passando por Kierkegaard (*Ou-ou: Um fragmento de vida*), Heidegger, Derrida (*Glas*) etc.

Mas é preciso retomar aqui a cena, a cena de desobediência, só para desarticulá-la um pouco. Creonte começa perguntando a Antígona "se ela sabia", se ela conhecia a proibição. O tirano é ardiloso, ele oferece uma tábua de salvação: o edito foi proclamado de manhã cedo, a jovem poderia não o ter ouvido; bastaria que ela dissesse que não o tinha ouvido e tudo se arranjaria, com boas, sólidas e hipócritas desculpas. Imagino Creonte dizer para si mesmo: a pequena insensata trazida pela guarda queria se fazer de esperta, mas assim que ouvir minha voz forte ela avaliará a extensão de seu erro, a gravidade da ameaça, e se retratará como uma criança culpada: "Não, eu não sabia, querido tio, sinto muito; se eu soubesse, é claro...".

Mas não, a resposta é contundente: se eu conhecia a proibição? E como a ignorar?, responde Antígona: era público, notório. Creonte reage aí como um macho ferido em sua virilidade, um chefete com a autoridade abalada. Faz disso uma questão pessoal, traz tudo para si mesmo: "Ousaste então transgredir *minha* lei, *meu* decreto, *meu* interdito! No entanto, sabias, e ousaste, pequena insolente inconsciente e arrogante, desafiar-me...".

Vem então, na boca de Antígona, a réplica que citam em coro os teóricos da desobediência civil. Uma resposta em dois tempos. Primeiro, diz Antígona, teus editos miseráveis, teus decretos pobremente humanos, politiqueiros, oportunistas, nada os embasa, nada os autoriza, eles não se escoram em nenhuma legitimidade fundamental. Segundo, eles vão de encontro des-

---

2. *Antigone: La Parenté entre vie et mort*, trad. Guy Le Gaufey. Paris: EPEL, 2003 [*O clamor de Antígona: Parentesco entre a vida e a morte*, trad. André Cechinel. Florianópolis: Editora da UFSC, 2014].

sas leis superiores, as leis não escritas, eternas, das quais faz parte a obrigação de enterrar um morto, de dar sepultura a um irmão, para que seu espírito seja acolhido no mundo dos mortos e ali encontre repouso.

CREONTE
Agora, dize rápida e concisamente:
sabias que um edito proibia aquilo?
ANTÍGONA
Sabia. Como ignoraria? Era notório.
CREONTE
E te atreveste a desobedecer às leis?
ANTÍGONA
Mas Zeus não foi o arauto delas para mim,
nem essas leis são as ditadas entre os homens
pela Justiça, companheira de morada
dos deuses infernais; e não me pareceu
que tuas determinações tivessem força
para impor aos mortais até a obrigação
de transgredir normas divinas, não escritas,
inevitáveis; não é de hoje, não é de ontem,
é desde os tempos mais remotos que elas vigem,
sem que ninguém possa dizer quando surgiram.
E não seria por temer homem algum,
nem o mais arrogante, que me arriscaria
a ser punida pelos deuses por violá-las.
Eu já sabia que teria de morrer
(e como não?) [...][3]

3. "Antígona", in *A trilogia tebana*, trad. Mário da Gama Kury. Rio de Janeiro: Zahar, 2016, p. 219, versos 507-25.

Legalidade contra legitimidade. O decreto de Creonte só possui a *forma* externa de uma lei, mas seu conteúdo faz com que perca todo prestígio. Antígona é prisioneira: ou ela obedece a Creonte (o que a obriga a trair os deveres familiares, a macular sua alma e a insultar a memória de seus ancestrais, a se expor às vinganças dos deuses), ou obedece às regras sagradas, o que significa transgredir as ordens do novo rei, desprezar a ordem pública ao risco do sofrimento e da morte. O que se deve temer? O castigo dos homens? A vingança dos deuses? Antígona escolhe desobedecer, mas essa desobediência é a outra face de uma obediência superior. Ela não cessa de repetir: obedeço às leis eternas da família, às prescrições imemoriais.

Eis uma primeira estrutura: Antígona não desobedece por capricho, ou por insolência, nem mesmo por loucura, interesse ou cálculo – e Creonte bem que tenta, de quando em quando, conduzi-la a essas causas de revolta, para se certificar, e pergunta com clareza, diante do coro dos cidadãos reunidos: dizei-me, ela está louca ou está tentando secretamente desestabilizar meu poder? Mas, não, Antígona está só obedecendo, mas a leis cuja legitimidade eterna ultrapassa as pobres leis frágeis, transitórias dos homens.

Creonte é encurralado pelas respostas da sobrinha. Mas será que ele poderia proceder de outra forma? Pega em flagrante delito, levada pelos guardas que no começo havíamos suspeitado do crime e que, encontrando a culpada, inocentam-se publicamente, ela assume seu crime com altivez... Só resta a Creonte ceder e condená-la à morte. Antígona, por seu lado, não cede: ela é aquela que nunca cede.[4]

---

4. São os versos 538-40 do Coro: "Evidencia-se a linhagem da donzela,/ indômita, de pai indômito; não cede,/ nem no momento de enfrentar a adversidade".

Desde a primeira representação, a peça é de um imenso sucesso popular. Sófocles é eleito estrategista em Atenas no ano seguinte. *Antígona* é a obra-prima da desobediência trágica. Mas que sentido dar ao epíteto "trágico"? Em que caixa de ressonância vibram as cordas da revolta de Antígona? O primeiro erro seria confundir o "trágico" com o drama patético da derrota anunciada, e no fundo quase enfadonha, da pureza moral diante do cinismo político. Ingenuidade recorrente: ler *Antígona* como o drama do ideal moral sacrificado ao político, o elã generoso destroçado contra a rocha da potência fria, imaginar Creonte como o tirano de coração duro e Antígona como a virgem defensora da fraternidade. E o trágico, então, seria o esmagamento do bem moral pelo mal político.

As grandes leituras de Antígona refutam essa redução do trágico ao patético. Instalam ao menos três luzes, três atmosferas que a cada vez conferem ao gesto de Antígona um brilho singular.

Para Hegel, em sua *Fenomenologia*,[5] o verdadeiro trágico, ilustrado por Antígona, é o conflito entre pretensões iguais, o choque frontal de dois sistemas de valores legítimos, justos e mesmo complementares. O confronto provoca um equilíbrio terrível: impossível escolher, dar razão a um ou a outro. A tragédia é a necessidade duplicada da impossibilidade de escolher. Em *Antígona*, a oposição não está entre os cálculos políticos sórdidos, obscuros, e a transparência sagrada das prescrições divinas. Está entre a família e a cidade. De um lado, portanto, a luz da lei pública, a ordem visível da cidade e suas exigências; e, do outro, os imperativos rigorosos da Família, do Sangue e da Terra. No lar alimentamos, protegemos, cumprimos os ritos, tecemos

---

5. *Fenomenologia do espírito*, capítulo VI. Para uma explicação convincente desse texto difícil, ver a aula XVI de Jean-François Marquet, em *Leçons sur la "Phénoménologie de l'Esprit de Hegel"*. Paris: Ellipses, 2004, pp. 239-58.

e retecemos as continuidades. A família envia seus meninos para viver à luz pública; eles lutam e morrem. Ela os recolhe e, enterrando-os, sutura-os em sua trama de sombra. A cidade expõe seus súditos ao aprendizado das ambições, das rivalidades, das identidades estatutárias pelas quais o indivíduo se torna um personagem público.

O dia e a noite; o homem e a mulher; o fora e o dentro; o público e o privado... De um lado, o Dia resplandecente com as decisões, os cálculos, as distinções. Do outro, a Noite quente e negra da morte e do dever. O momento trágico é quando a Noite e o Dia se equilibram na oposição, na antítese, em vez de simplesmente se sucederem. É quando fragmentos de Noite talham e ferem o dia, quando lâminas de Dia penetram a carne da noite. Assim, o cadáver de Polinices, corpo morto fechado em sua noite, mas exposto ao sol grego, ou – figura invertida – o corpo virgem e vivo de Antígona enterrada.

Se há uma situação trágica, é que essa oposição não abrange a antinomia dos valores (o justo e o injusto, o bem e o mal). Antígona e Creonte representam duas imposições que se valem exatamente. Do lado de Creonte encontramos a parte do masculino e da luz. Creonte é o homem maduro, responsável, encarregado da ordem e da defesa da cidade. Realista implacável. Luz do público, claridade do dia, transparência da ágora. Creonte é o representante da cidade e de suas leis, da segmentação e da frustração necessárias. Falar, dar ordens, fazer distinções. O dia divide, rompe as continuidades, separa os seres, recorta as formas, separa os indivíduos. Por exemplo: os amigos e os inimigos; os senhores e os escravos; o homem e a mulher. Creonte tem sempre na boca esses pares de contrários: tu és a mulher e a serva, e eu, o homem e o chefe; tu és a louca, e eu sou o homem sensato; teu primeiro irmão Etéocles era o aliado justo, legítimo, Polinices é o traidor, o ímpio, o inimigo. E faz sempre uma única pergunta, sempre a mesma, aos guardas, a Ismene, a irmã, e até a seu próprio filho: de que lado estás? Creonte é o homem da cisão, do corte, das antinomias. No diálogo com Antígona, repetem-se sempre em Creonte juízos e oposições. O inimigo é o contrário do amigo. Creonte é o obcecado pelas designações. Para ele, a linguagem não serve para gritar, chorar, cantar, mas para ordenar, classificar e separar. Reinar é falar, e falar é separar.

Ao que Antígona responde: essas etiquetas ainda valem alguma coisa para os mortos?

Antígona é a mulher e a virgem. Ela representa as continuidades familiares. Um único fio amarra seres irrefragáveis numa única noite: noite da morte, noite do sangue, noite do amor. Antígona é a paixão das equivalências: um irmão é um irmão. Guardiã das transmissões, ela cumpre os ritos, leva ao túmulo como outros trazem à luz. Paixão das fusões. Ela grita, com o mesmo elã, que é feita para amar e que é feita para morrer.[6] Cada uma de suas palavras é, ao mesmo tempo, um clamor. O que ela traz consigo, o que defende são leis eternas, definitivas, sem memória e sem idade. Não a ordem pública, não a jurídica e suas distinções finas, mas a religiosa familiar estruturada pelos interditos imemoriais, os tabus imprescritíveis, os deveres sagrados.

Ora, nesse primeiro nível, é preciso dizer mais uma vez: Antígona obedece. O que ela opõe a Creonte não é o ardor de uma provocação nem o frêmito das transgressões insolentes, mas sua subordinação, seu respeito às leis da Noite e da continuidade. Afinal, se ela não passasse de uma menina insolente,

---

6. São os versos 597 "Nasci para compartilhar amor, não ódio" (*sumphilein ephun*) e 526-27 "[...] mas, se me leva à morte prematuramente,/ digo que para mim só há vantagem nisso".

brincando com a autoridade de seu tio... Mas aqui é outra coisa: ela alega o dever sagrado da *piedade*.

Hölderlin ilumina a peça de Sófocles com uma luz diferente.[7] O que ele chama de "trágico" não é constituído pelo choque das legitimidades, mas pelo que poeticamente nomeia "falta de Deus". É o trágico do "ateísmo" no sentido específico elaborado por Hölderlin: o ateu não é aquele que nega Deus ou que não crê. O ateu é aquele em quem Deus não crê mais, que se encontra privado de sua presença, de seu amparo. *A-theós*: ele se encontra sem Deus. Essa é a condição trágica de Antígona: ao preço de sua vida, de sua inspiração, ela garante ao irmão os rituais exigidos, as prescrições sagradas. Mas quem sabe se os deuses são gratos por isso, quem sabe se não se afastaram dessa família amaldiçoada, transformando seus apelos em gritos estéreis, seus ritos em gestos inúteis? Antígona estremece com suas próprias certezas: quando entra nesse ventre de pedra preparado para sua morte, ela duvida.[8] O trágico é ter somente sua convicção frágil para contrapor a um céu vazio ("De que me valerá – pobre de mim! – erguer/ainda os olhos para os deuses?"[9]), não o vazio da ausência, do não ser, mas o vazio deixado por aqueles que partiram. A desobediência, então, é a expressão de um desespero, uma provocação sem resposta.

Por fim, em seu seminário sobre *A ética da psicanálise*,[10] Lacan sustenta outro sentido do trágico, que remodela mais uma

---

7. Friedrich Hölderlin e Jean Beaufret, *Observações sobre Édipo; Observações sobre Antígona*, trad. Pedro Süssekind e Roberto Machado. Rio de Janeiro: Zahar, 2008.
8. São os versos 1030-35.
9. Verso 1028-29.
10. "Un commentaire de l'*Antigone*' de Sophocle", em *Le Séminaire, Livre VII: L'Éthique de la psychanalyse (1959-1960)*. Paris: Seuil, 1986 ["A essência da tragédia: um comentário da 'Antigone' de Sófocles", in *O seminário, Livro 7: A ética da psicanálise (1959-1960)*, trad. Antonio Quinet. Rio de Janeiro: Zahar, 2002, pp. 289-336].

vez o gesto de Antígona. Antígona é aí a heroína do desejo profundamente humano, isto é, desejo de morte e ao mesmo tempo de um objeto impossível, um objeto que *satura*, que faz o sujeito do desejo gozar até o enlevo. Só se ama realmente morrendo de amor. Oscilação dos sentidos do trágico; a isso é preciso acrescentar a ambiguidade do próprio conteúdo a ser dado às leis "não escritas". A que Antígona se refere para questionar a proibição de seu tio? Às leis do sangue, às divindades "subterrâneas". Ela é aquela que opõe a superioridade definitiva dos interditos familiares e das prescrições religiosas às razões de Estado. Barrès, em *Le Voyage de Sparte* [*A viagem de Esparta*], faz dela sua heroína: "Não posso me desligar de Antígona, quando ela parte, de noite, para a planície dos mortos". Para Maurras, Antígona é a *Vierge-mère de l'ordre* [*Virgem-mãe da ordem*], e é Creonte o anarquista, o político irresponsável que acredita poder derrubar as leis sagradas do sangue, submeter à desrazão de seu poder tirânico as tradições ancestrais. E Barrès novamente: "Todos nós temos mortos a ressuscitar nos campos de batalha da história" (*Antigone au théâtre de Dionysos* [*Antígona no teatro de Dioniso*]). Finalmente, Antígona defende os deveres sagrados da Pátria contra os direitos políticos dos Estados. A Pátria contra o Estado. Antígona defende as continuidades sagradas, os laços tecidos pelos mortos e pelo sangue, as convicções contra os jogos imanentes, cínicos, circunstanciados do poder. A Comunidade contra o Estado.

A outra tradição é a Antígona dos ideais revolucionários. As "leis não escritas" são os direitos fundamentais da humanidade, os princípios de justiça universal. Prova-o esse grito que ela emite durante o confronto com Creonte – "Nasci para compartilhar amor, não ódio" (verso 597) –, no momento preciso em que Creonte opera a distinção entre os irmãos, insistindo na ideia de que há o inimigo e o aliado, o impuro e o puro, que é preciso se decidir a odiar um e a honrar o outro. Ao que Antígona responde que um irmão é um irmão: lei da hospitalidade universal, lei do amor incondicional.

ANTÍGONA
Foi como irmão que ele morreu, não como escravo.
CREONTE
Destruindo a cidade; o outro, defendendo-a.
ANTÍGONA
A morte nos impõe as suas próprias leis.
CREONTE
Mas o homem bom não quer ser igualado ao mau.
ANTÍGONA
Quem sabe se isso é consagrado no outro mundo?
CREONTE
Nem morto um inimigo passa a ser amigo.
ANTÍGONA
Nasci para compartilhar amor, não ódio.
CREONTE
Se tens de amar, então vai para o outro mundo, ama os de lá. Não me governará jamais mulher alguma enquanto eu conservar a vida![11]

Pode ser que essa "família", cuja indivisibilidade a menina Antígona defende, não seja a dos labdácidas em sua particularidade amaldiçoada. Um irmão é um irmão: é a humanidade inteira. Recusa de operar essas distinções que visam sempre à mesma coisa: designar à vindita pública o inimigo, o infame, o estrangeiro; nutrir o ódio para assegurar seu próprio poder. Antígona

11. Versos 591-600.

opõe aos cálculos políticos a lei irracional e justa do amor. A humanidade é uma imensa família, e não se fará a distinção entre bons e maus estrangeiros, bons e maus migrantes, bons e maus pobres, bons e maus fracassados: temos deveres para com todos. Para além da alternativa entre uma Antígona conservadora, fanática até, e a Antígona impregnada do amor pela família humana, há um *resto*. A única coisa que fiz foi separar aqui dois registros de lealdade: as convicções religiosas ou os ideais revolucionários. Acredita-se com demasiada rapidez que a verdadeira questão seria: a que injunção suprema obedece Antígona quando desobedece a Creonte? Egéria revolucionária ou tradicionalista fanática?

Mas ela é filha de Édipo e, a esse título, estrita e completamente irmã de seu pai, filha de seu irmão. A peça revela todos os jogos subversivos, os embates entre a vida e a morte, a luz e a noite, a mulher e o homem: Antígona, condenada a ser enterrada viva porque quis cobrir de terra um corpo morto que deixavam exposto ao sol; Antígona, a jovem virgem que se dirige ao tio com a franqueza e a coragem de um homem etc. Antígona subversiva: sua revolta, suas recusas fazem *estremecer a própria ideia de uma ordem*. Essa perturbação na filiação que ela representa reaparece numa desobediência que abala de maneira definitiva as hierarquias e os valores.

Antígona, em sua desobediência, não afirma uma ordem contra outra: ela abala *a própria possibilidade da ordem*. Portar os valores da Noite, defender o lado das mulheres, é o que Antígona faz diante dos homens, mostrando-se mais viril que eles. Jovem virgem frágil, ela faz frente ao macho da cidade; ela, a menina da família, não tem medo de falar publicamente. Antígona faz sentir esse risco da desobediência: algo de selvagem se desencadeia, incontrolável.

Desobedecer não é só invocar uma legitimidade superior, afirmar que se obedece a outras leis, é pôr em causa o próprio princípio de uma legitimidade. Na desobediência pode entrar uma dose de transgressão pura: é esse o brilho de Antígona.

6. DO CONFORMISMO À TRANSGRESSÃO

Relendo La Boétie, eu falava de "superobediência" para indicar os limites da hipótese de submissão, ao menos na ordem política. A autoridade política só se mantém por uma adesão secreta que faz superobedecer. Se só obedecêssemos aos poderosos de forma passiva e dolorosa, eles não teriam poder. É nosso excesso de obediência que os mantém. Superobediência: no cerne da opressão, o enigma de um gozo, o segredo de uma complacência.

Dito isso, o *Contra um* faz outra proposição, quase inversa: "A primeira razão da servidão voluntária é o hábito".[1] O segredo da obediência poderia estar não num fervor, mas numa inércia passiva. A obediência às leis? É um produto do hábito, um hábito reforçado pelo seguidismo. Cada pessoa alinha seu comportamento ao de *todos os outros*. Obedece-se por conformismo.

Em seu livro – controverso –[2] sobre *Ordinary Men* [homens comuns],[3] Christopher Browning encontra e interroga um batalhão de indivíduos encarregado, no contexto da Solução Final, do massacre de judeus em pequenas cidades da Polônia. Não encontramos entre eles nazistas filiados, engajados e fanáticos, mas reservistas, homens convocados, na faixa dos quarenta anos de idade, de condição modesta, a maioria pai de família, operário ou funcionário menor. Uma cena terrível abre o livro

---

1. Étienne de la Boétie, *Discurso da servidão voluntária*, trad. Laymert Garcia dos Santos. São Paulo: Brasiliense, 1999, p. 24. O texto continua assim: "Provam-no os cavalos sem rabo que no princípio mordem o freio e acabam depois por brincar com ele; e os mesmos que se rebelavam contra a sela acabam por aceitar a albarda e usam muito ufanos e vaidosos os arreios que os apertam". Como se o próprio hábito gerasse prazer.
2. Ver as críticas de Daniel J. Goldhagen em *Os carrascos voluntários de Hitler: O povo alemão e o Holocausto*, trad. Luís Sérgio Roizman. São Paulo: Companhia das Letras, 1997.
3. Com o subtítulo: "Reserve Police Battalion 101 and the Final Solution in Poland" [O 101º batalhão de reserva da polícia alemã e a Solução Final na Polônia] [1992], trad. Élie Barnavi. Paris: Les Belles Lettres, 1994).

(capítulo I, "One morning in Józefów" [Uma manhã em Józefów]). Começo de julho de 1942, o batalhão é enviado à cidade de Józefów. Sua missão: de uma população judia de 1800 indivíduos, reter trezentos homens válidos e matar os demais (mulheres, idosos, crianças, doentes). Quando o comandante Trapp toma conhecimento das ordens, fica atônito. Mas, como "bom oficial", aceita sua missão, reúne todos seus homens (algumas centenas) e lhes dá a oportunidade de escolher. Depois de expor, com voz trêmula, o conteúdo da missão, pede aos que a recusassem para dar um passo à frente, indicando que não sofreriam sanções.

Momento crucial: cada um, sem dúvida, olha para o outro, avalia, espera algo como uma afirmação coletiva. Só uma pequena dezena se destaca do grupo para manifestar recusa. Muito pouco. Os demais permanecem presos na cola dos outros, impedidos pelo grilhão invisível e pesado da inércia coletiva, prisioneiros da massa, pegos na armadilha, cada qual cativo desses "outros" que não existiriam sem cada um deles. Tratava-se somente de *desobedecer*, sendo que o comandante havia avisado que nenhuma sanção seria aplicada? Será preciso concluir que a "barbárie" nazista e a "demência" totalitária se alimentaram mais do conformismo dos soldados do que de seu fanatismo, mais de seu seguidismo cego do que de seu apetite sanguinário?

Num registro menos pesado, penso novamente na experiência de Solomon Asch. Num grande aposento calmo – uma sala de aula –, os estudantes são convidados oficialmente a participar de uma pesquisa sobre percepção. O exercício não é difícil. Um "cientista" apresenta à assembleia grandes folhas de papel: à esquerda está desenhada uma barra de referência, enquanto à direita aparecem dois ou três outros traços negros. Objetivo: dizer quantos traços à direita têm o mesmo comprimento que a barra de referência.

Infantil, fácil e, sendo assim, por que convocar autoridades científicas? A acuidade da visão quase não está em questão. Basta saber contar. Nem mesmo um jogo de óptica. Além disso, ninguém erra. Impossível errar. As folhas se sucedem, variam os grupos. Cada estudante enuncia com voz aplicada e neutra o número correspondente à evidência perceptiva, aquela que serve para que se levante, coma, movimente-se... Eles se revezam. Agora quantos? Um, dois, três? Logo, "falsos estudantes" são misturados aos participantes ingênuos. Eles fingem ver *mais*, ou *menos*. Afinal, errar é humano. É uma questão de perspectiva? Ou de precipitação do julgamento? Ilusões de óptica? Volto à "cena", ela foi filmada. Um grupo é constituído. Sem que saiba, um participante se encontra sozinho no meio de "falsos estudantes", cúmplices que decidiram previamente ver duas barras iguais à barra de referência, embora decididamente, *manifestamente, evidentemente* só haja uma – quando as experiências são conduzidas com uma só pessoa, não há nenhum erro. Cada falso estudante prossegue com seu "dois" neutro, seguro, quase entediado. E chega a vez do ingênuo, daquele que tem de contrapor sua evidência perceptiva ao erro manifesto da maioria – e até mesmo: *da unanimidade menos uma voz*. Vê-se bem, por seu ar indeciso, que ele ficou perturbado pela resposta dos outros. Sente-se que ele hesita quando é sua vez de falar. E a sentença é proferida, "sem falta": duas. *Ele vê duas barras como todo mundo* – na experiência, perto de quarenta por cento das pessoas terão a mesma atitude e apresentarão essa atitude de conformismo aberrante.

Será então tão difícil ter razão contra todos, manter-se fiel à sua própria percepção elementar, na qual, no entanto, esse estudante de bigodinho ralo deposita, de manhã à noite, uma confiança absoluta, desde o momento em que se levanta até a hora de ir deitar, banhando-se em suas "certezas sensíveis", no momento de servir um café, de dar o troco, de tomar um ônibus? É óbvio que só vê uma barra da mesma altura que a barra referência, mas o que ele pensa então: "Ih, tenho que mandar fazer óculos o mais rápido possível; ou será que sou vítima de uma ilusão de óptica?". Ou, mais obscuramente: "Faça como todo mundo, responda 'duas', 'duas' como todo mundo; não faça perguntas, não vale a pena se fazer notar, fazer-se de esperto, para quê? Se todo mundo enxerga duas barras, é porque esse é o número certo, o que não quer dizer 'exato', mas simplesmente 'verdadeiro' no sentido de que todo mundo o pensa, ou melhor, diz que o pensa. Decididamente, não é possível que todos estejam tão errados. A verdade é um erro majoritário. É claro que vejo uma barra, mas é melhor não chamar a atenção".

Ou será que ele chega a pensar alguma coisa, a fazer alguma reflexão? Imagino um pouco de confusão, uma leve angústia, e depois, *aliviado*, essa adesão final à unanimidade: "duas". De que vale minha evidência, de que vale o que eu mesmo vi depois do que ouvi dos outros?

Podemos pensar que essa experiência não tem muito valor. O que estava em jogo era talvez fraco demais para provocar uma crise de consciência. Para quê? Traços sobre folhas de papel, números, e dois ou três, ou mesmo quatro, que importa? Passemos logo a outra coisa. Tudo bem, posso ver dois traços se os outros insistem. Afinal, não se trata de justiça, de valor universal, de humanidade, não há nenhuma existência em jogo. Mas quem *insiste*? Ninguém insiste.

Poderíamos dizer o contrário: é o cúmulo, ele não arriscava nada, nem a reputação, nem a carreira, ainda menos a vida.

Afinal, nem conhecia todas aquelas pessoas, mal poderia imaginar que algum dia as reveria. Que risco ele corria se não o de um espanto, um pouco pesado, sem dúvida, ou mesmo o de uma estupefação: "Ah, sim, você está vendo uma barra!", "Ora, vá comprar óculos!", "Bem, sim, eu estou vendo uma, desculpe". Ínfimo, derrisório. Mas qual voz, nele, se é que era *sua* própria voz que disse "duas", ou simplesmente: o eco por seus lábios do concerto sem dissonância que ele repercutia. Também o medo súbito de se sentir, por alguns segundos, só, isolado, excluído, rejeitado.

Pode-se ainda falar de obediência quando a verticalidade do comando, a referência a uma ordem dada e ouvida não existem, mas somente esse alinhamento passivo à opinião ou à repetição dos outros? O fato é que o estudante gaguejou "*two*" depois dos outros e que o soldado alemão não ousou dar um passo à frente e, com isso, "separar-se" do grupo, da massa. Como se essa separação só pudesse significar uma queda, como um bloco se separa da montanha. Queda angustiante fora do seio do "Nós" indiferenciado, maleável e cálido, do "A Gente" [*On*, em francês] esponjoso. Cada um se deixando atravessar por esse manto, essa espessura, essa consistência: o comportamento, a atitude, a opinião *dos outros*.

Pondo de lado essas duas cenas, eu gostaria de encontrar e definir um conformismo menos espetacular, menos provocado, o conformismo imediato, espontâneo, "natural", o conformismo (diferente ao mesmo tempo do mimetismo[4] e do gregaris-

---

4. O mimetismo, ou pelo menos um certo mimetismo, é irredutível ao conformismo, primeiro porque supõe a presença insistente e admirada de um *modelo exterior*. Eu imito *ativamente* um modelo e, imitando-o, deformo-o e o invento. É preciso remetermo-nos às fórmulas de Condillac: "Os indivíduos de uma mesma espécie agem de uma maneira tanto mais uniforme quanto menos tentam copiar-se; [...] em consequência, os homens só são tão diferentes uns dos outros, porque, de todos os animais, são os mais propensos à imitação" (*Tratado dos animais*, capítulo 3). É porque inventa que o homem imita, a imitação é fonte indefinida de criação. Os animais, agindo por instinto, não imitam. Passagem ao limite: os animais têm comportamentos tão semelhan-

mo[5]) daqueles, ou melhor, de todos nós que realizamos determinada coisa alegando, quando nos interrogam, o simples fato de que precisamente todo mundo – deveríamos inclusive acrescentar: e há muito tempo –, todos os outros fazem a mesma coisa. Todo mundo e as pessoas em geral. "Mas por que essa pergunta? Está vendo que o que eu faço é o que todos os outros fazem!" Esses outros que sobretudo não são *ninguém em particular*, e que *eu próprio* represento *para cada um que não sou eu*, esses "outros" que não são *ninguém* e são ao mesmo tempo *cada um* porquanto ele não é ele mesmo, mas *todos*, esses outros são uma espessura fantasmagórica, irredutível aos pronomes pessoais (nem eu, nem tu, nem ele, nem vós...), fora, portanto, até do sistema que distribui, separa, agrupa, isola as pessoas. A um só tempo abstrato em sua generalidade, mas no cerne concreto das decisões de cada um está o reino do "a gente", anônimo e pregnante. O gênio gramatical (e, como diz Nietzsche, toda gramática é uma metafísica) manifesta que esse "a gente" é um "nós" que se conjuga como um "ele", inclui simultaneamente o "você" e o "vocês",

tes porque são incapazes de se imitar. O mimetismo autêntico, sustentado pela admiração, constitui uma forma singular de obediência inventiva. A admiração *real* que leva à reprodução não é alienante (é uma lição que a história da arte repete desde suas origens), cada um, na medida em que repete com paixão, introduz sua diferença.

5. "Panurge, sem mais dizer, joga em pleno mar sua ovelha gritando e balindo. Todas as outras, gritando e balindo na mesma entoação, começaram a se jogar e saltar no mar em fila. Afoitas estavam para saber quem primeiro saltaria depois da companheira. Não era possível preservá-las. Como vocês sabem, é natural às ovelhas sempre seguir a primeira onde quer que vá. Assim diz Aristóteles, livro 9 de *História dos animais*, ser o animal animado mais tolo e inepto do mundo." (François Rabelais, *O quarto livro dos fatos e ditos heroicos do Bom Pantagruel*, trad. Élide Valarini Oliver. São Paulo: Ateliê Editorial, 2015, p. 121). O gregarismo evoca um seguidismo automático que encontramos no conformismo. Mas a metáfora do rebanho acrescenta uma dimensão suplementar: a ideia de calor e de segurança quando se está assim imerso na massa, aninhado no seio do coletivo.

absorve o "eu". Simultânea e indefectivelmente, todo mundo e ninguém. Mas esse "a gente" impessoal, pairando acima do sistema dos pronomes pessoais como uma névoa difusa, possui uma consistência. Desenha uma superfície de objetividade. Objetividade do "a gente". A sociologia não existiria como ciência sem a solidez objetiva, a espessura existencial do conformismo. Que risco realmente corremos ao sair usando um par de sandálias como se fossem abotoaduras? Cada um com sua fantasia. Uma multa? Não, isso não é proibido por lei. Mas aquele que tentar lançar essa moda de se vestir será imediata e maciçamente punido pelo cutelo do olhar dos outros. O castigo será inapelável, na forma de expressões assombradas, ares consternados, tudo, enfim, que respira a grande, a sufocante condenação social, em que a sociedade se mostra uma coisa muito diferente de uma reunião de indivíduos em torno de interesses comuns.

A sociedade é um sistema de julgamentos. É o momento em que Durkheim ultrapassa o naturalismo grego, o contratualismo clássico, o radicalismo inglês. Não, a sociedade não é somente uma grande família, uma comunidade natural, o resultado de agregados progressivos e espontâneos de ajuda mútua... Tampouco é o produto de um pacto fundador entre sujeitos políticos responsáveis. E, ainda, não é somente uma reunião calculada de interesses, a coesão racional das utilidades. A sociedade, o "social" são sobretudo, antes de mais nada, desejos padronizados, comportamentos uniformes, destinos rígidos, representações comuns, trajetos calculáveis, identidades atribuíveis, compactadas, normatizadas. Normas para tornar cada um calculável, adequado e, portanto, previsível. Sujeito socializado, indivíduo integrado, pessoa "normal", *homo socius*... É preciso conquistar o controle das identidades calibradas, chegar a ser aquele que é como os outros: cinza-claro.

Esse conformismo, o das sociedades de produção de massa, das normas comportamentais, não deve fazer-nos esquecer um conformismo mais antigo, o dos costumes, das tradições e dos ritos. Não se esperou a revolução industrial para que a sociedade impusesse modos de vida, atitudes, práticas. No conformismo da tradição, conduzimo-nos como exige o costume, seguimos as regras de utilização. Em suas conferências sobre o cientista e o político,[6] Max Weber evoca a autoridade do eterno ontem. Por que mudar? Todo mundo sempre fez assim. Inércia dos hábitos, aceitação das convenções, respeito às tradições veneráveis. "Aqui, a gente faz assim."

Esse conformismo à tradição deu lugar a duas formas de resistência: a ironia cética e a provocação cínica. Encontramos, em Montaigne, Descartes (em sua moral provisória) ou Pascal, a ideia de que é na aceitação perfeita dos costumes e das leis que reside o segredo de uma tranquilidade interior e da ordem exterior. Afirmar a altos brados que determinada convenção social é imbecil, caçoar publicamente dela é se fazer de "semi-hábil", mostrar-se inteligente a um custo baixo. É deixar quase acreditar que certas convenções poderiam ser superiores às outras, ao passo que todas se valem. Seu único sentido é contribuir para o sentimento de identidade, de pertencimento. Por isso, o cético as respeita, mesmo que em seu íntimo lhes negue qualquer legitimidade intrínseca. Com efeito, ao mesmo tempo que "aparentemente" respeita as convenções, o cético conserva livre o exercício de seu juízo. Conformar-se não o impede, numa distância interior, de desmistificar o costume (não o reverencia como sagrado) e, ao mesmo tempo, de ancorá-lo numa necessidade imanente (a estabilidade social). O cético diz: "O *bom* é que si-

---

6. Max Weber, *Ciência e política: Duas vocações*. São Paulo: Cultrix, 2015.

multaneamente haja tradições e costumes; mas seria um absurdo acreditar que possa haver *boas* tradições ou *bons* costumes".

Poderíamos pensar que, afinal, toda essa ironia é uma pirueta interior inofensiva e cômoda: aceitar as "leis e os costumes de seu próprio país", não se indignar com leis injustas ou costumes intoleráveis, continuando a se fazer, a baixos custos, de revoltado do discurso interior. Ainda que não seja pouca coisa saber manter intacta sua capacidade crítica, não acompanhar com uma adesão interior a idiotice das convenções, ficam faltando duas articulações essenciais: a resolução de manifestar publicamente suas críticas e a resolução de desobedecer *em ato* a tudo que meu pensamento desaprova.[7]

A provocação cínica ataca de modo mais frontal, mais violento, as convenções sociais: desobedece-lhes publicamente e em ato. Emprego "cinismo" aqui no sentido antigo.[8] Desde Diógenes – esse "sábio" que vivia num barril, quase nu, cujos bens se limitavam à sua túnica, a seu alforje e a um bastão, que se masturbava em público, insultava Alexandre, o rei dos reis, tratando-o de bastardo, agitava uma lanterna acesa em pleno dia gritando "procuro um homem" –, o cinismo é uma sabedoria da provocação que tem como alvo privilegiado os costumes, as convenções, o conformismo generalizado. Sua crítica não toma a forma de uma contestação teórica nem de uma demonstração formal. O cínico não produz grandes discursos para explicar o que, nas tradições,

---

7. Immanuel Kant, em *O que é o Iluminismo?*, incentivará a contestação pública, mas é em Henry David Thoreau (*A desobediência civil*) que o *dever* de desobediência prática aparece plenamente; ver os capítulos adiante, "A caminhada de Thoreau" e "Dissidência cívica".
8. Apoio-me nas aulas que Michel Foucault ministrou no Collège de France em seu curso de 1984 (*Le Courage de la vérité*, Fr. Gros (org.). Paris: Gallimard-Seuil-Hautes Études, 2009 [*A coragem da verdade*, trad. Eduardo Brandão. São Paulo: WMF Martins Fontes, 2011]).

lhe parece racionalmente infundado, profundamente obsoleto, absurdo, ridículo. Não se esconde para rir discretamente, consigo mesmo, da bobagem dos costumes, sem deixar de segui-los. Recusa qualquer conforto, material ou moral, passa a existência a ladrar contra a estupidez social, e é levando essa vida de cão que ele denuncia a hipocrisia, que ridiculariza qualquer hierarquia. Exige que sua vida seja a mais despojada possível de qualquer aparato sufocante, de qualquer supérfluo sociocultural que a sobrecarregue: faz sua vida mais leve.

Em suas *Meditações metafísicas*, Descartes pratica uma dúvida metódica, radical, metafísica: cada representação, cada enunciado que se lhe apresenta, é passado pelo crivo de uma dúvida sem concessão, esperando assim chegar a uma verdade primeira, absolutamente indubitável, e que seria a primeira pedra do edifício da ciência. Diógenes, o cínico nu, arrotando, zombando, também coloca a tudo que encontra a questão de sua *resistência*. Não de sua resistência ao pensamento puro, mas à vida nua: "Disso, daquilo, será que preciso mesmo, até que ponto é realmente necessário, será que isso vai aliviar ou sobrecarregar minha existência, intensificar ou refrear minha vida?". Já dissemos que seu capital se resumia a um alforje quase vazio. Ora, eis que ele encontra na fonte uma criança que, para beber, se serve de suas mãos em concha. E o cínico exclama para si: "Diógenes, encontraste um mais forte que ti!". Tira do alforje uma tigela de madeira e a atira longe com alegria e furor.[9] Feliz: um dia é *pleno* quando se encontrou um meio de *aliviar* a existência do inútil, do pesado. As convenções sociais, como as riquezas, sobrecarregam a existência, acabam por obstruir a raiz de vida em que estão ligadas as energias do elementar.

---

9. A história é narrada por Diógenes Laércio, *Vidas e doutrinas dos filósofos ilustres*, VI, 37.

Descartes chega às verdades essenciais por meio de um esforço de reflexão metódico e rigoroso. Diógenes quer alcançar verdades elementares por meio de uma vida de exercício e de despojamento. Não por uma má paixão ascética, sacrificatória, mas para, na privação extrema, alcançar o fundamento vibrante da vida. E essa *verdadeira vida*,[10] no sentido de uma vida selvagem, rebelde, liberta do inútil, decapada – e que sobretudo não é uma existência de eremita –, ele a expõe violentamente, escandalosamente em público. E é porque ele se mantém nesse "fora" autêntico – sem residência fixa, nem identidade reconhecida, nem função atribuída – que pode denunciar a miséria de nossos comprometimentos perpétuos, de nossos conformismos enfadonhos, de nossas misérias abarrotadas. Em sua rusticidade, sua rugosidade, imundo, seminu e vivendo como um animal, é ele que se dá como o representante único da humanidade. De fato, ele só vê fantoches sociais à sua volta, metades de indivíduo, cascas de homem, sem espessura, sem consistência, escravos dos "dizem-que" e da hipocrisia mundana. E é desse fora, que é a verdadeira vida porque vida decapada, reduzida a seu núcleo elementar, situada na vertical de sua energia nua, que ele ladra, devora a verdade, denuncia os trajes sociais, ridiculariza as solenidades públicas.

A provocação cínica é denunciar a grande equação conformista, a grande mentira, o embuste imenso, a fraude monumental. Quero dizer: chamar de "natural" o que nunca é mais do que "normal"; e "normal", o que no fundo não passa de "socialmente respeitável".

Mas a natureza não é "polida". Ela não tem o senso nem das hierarquias nem das distinções. E Diógenes, que vive esplendi-

---

10. Sobre esse conceito, ver a aula de 7 de março de 1984, M. Foucault, op. cit., 2009, pp. 200-10 [pp. 191-200].

damente sua vida de cão – leva uma vida rude, sem conforto; vigia fielmente; morde, de preferência seus amigos, porque a verdade fere –, a partir dessa vida nua, pode denunciar a verdadeira indecência, a verdadeira obscenidade: cobrir-se com as túnicas da respeitabilidade para mascarar uma alma doentia, corrompida e viciosa. Pois, vamos, diga lá, onde está a verdadeira obscenidade? Na hipocrisia monumental dos poderosos que encenam sua compaixão, seu interesse pelo povo, enquanto têm os olhos fixos apenas em seu lucro e no dos outros, não suportando que o deles próprios seja inferior? Nas remunerações de atores de cinema que ganham milhões para parecerem pobres em histórias idiotas? Pois bem, Diógenes, esfregando vigorosamente o sexo diante de todos, comendo avidamente com as mãos, é decididamente menos obsceno que a coreografia dos homens políticos que adotam um ar trágico para dizer que a situação é grave e que precisamos deles, menos obsceno que todos aqueles, eu, vocês, que não cansamos de firmar esses compromissos repugnantes, em vista de *vantagens sociais*. Onde está realmente a obscenidade?

> Diógenes espezinha o estrume do orgulho, ri-se daqueles que escondem na sombra a satisfação de suas necessidades naturais – ou seja, a expulsão de seus excrementos – mas que, em lugares públicos e nas cidades, cometem atos mais violentamente contrários às exigências da natureza, tais como roubos de dinheiro, calúnias, acusações injustas e perseguição de outras práticas igualmente imundas.[11]

O conformismo "moderno" está mais ligado às democracias liberais, às sociedades de consumo e de produção em massa. Quan-

---

11. Juliano, *Contra os cínicos ignorantes*, § 15.

do Platão critica a democracia no livro VIII de sua *República* (558c), não é para seu conformismo, e sim para dizer: a democracia proclama a igualdade, mas essa igualdade deixa cada um livre sobretudo para anunciar suas pretensões, a vulgaridade de suas pequenas diferenças. Cada um se acha o tal, traz sua voz dissonante ao concerto, e daí resulta uma cacofonia indescritível, uma desordem, um pandemônio. A democracia é uma multidão anárquica de pequenos mestres que discutem entre si, um concerto inaudível de vozes licenciosas, pretensiosas que ninguém está autorizado a fazer calar. Não é o conformismo que reina, é um disformismo.

Tocqueville, quando volta dos Estados Unidos, onde se encontrava em missão oficial com Gustave de Beaumont para o estudo do sistema penitenciário, faz a experiência, no início do século XIX, da democracia "moderna", menos como um regime político preciso (no sentido de uma distribuição regulamentada dos poderes) do que como certa condição, a um só tempo existencial e social, da qual ele prevê a extensão à totalidade do mundo. A democracia moderna é, antes de tudo, uma noção da igualdade que não se reduz simplesmente à igualdade jurídica e tampouco à igualdade social. A *igualdade de condição* é considerar que todos nos tornamos semelhantes por nossas aspirações e nossos desejos. A riqueza, o patrimônio, o nome já não impõem, como para as sociedades do Antigo Regime, um *éthos* diferente, deveres específicos. É o fim das castas, das linhagens que possuíam seus valores e seus costumes. A humanidade forma uma só comunidade, animada pelas mesmas aspirações vulgares. Pesadelo de Nietzsche, a humanidade transformada em areia:

> Quanto mais domina nos homens o sentimento de sua unidade com os seus semelhantes, mais eles se uniformizam, mais rigo-

rosamente eles percebem qualquer diferença como sendo imoral. Assim, aparece necessariamente a areia da humanidade: todos muito semelhantes, muito pequenos, muito francos, muito conciliadores, muito enfadonhos.[12]

O século XX mostra uma nova inflexão desse conformismo de nivelamento. Faz surgir outro pesadelo, que as distopias – de Zamiátin a Huxley e Orwell –[13] identificam e põem em cena: um conformismo de massa que não é o resultado do achatamento das individualidades, do esmagamento mecânico das singularidades imersas na média, da diluição progressiva das diferenças na mediocridade majoritária. Não, um conformismo que seria o resultado da *produção* das uniformidades: produzir comportamentos uniformes, produzir esquemas reativos como se condicionam máquinas, produzir indivíduos padronizados como se fabricam mercadorias.

Mas, ao nos alarmarmos com essa produção do mesmo, será que não visamos sobretudo à utopia totalitária? Foram os totalitarismos antidemocráticos que praticaram a arregimentação das populações, seu condicionamento ideológico.

A não ser que se denuncie, como o fez uma grande parte do pensamento crítico dos anos 1970, um aspecto totalitário, alastrante, no fundo das democracias liberais, das sociedades de livre mercado. O capitalismo de massa produz comportamentos padronizados: submergindo os indivíduos numa cultura açucarada, uniformizando os modos de consumo, normalizando os desejos. Cada um sente que é realmente ele próprio, satisfeito,

12. Friedrich Nietzsche, fragmento 3 de 1880 em *Escritos sobre política, volume I: As ideologias e o aristocratismo*, trad. Noéli Correia de Melo Sobrinho. Rio de Janeiro / São Paulo: Editora PUC Rio/Loyola, 2007, p. 199.
13. Sucessivamente: *Nós* (1921), *Admirável mundo novo* (1932) e *1984* (1949).

integrado, *democrático* a partir do momento em que possui e pode exibir o que é comercialmente constituído como um objeto do desejo de todos, outorgando-se no interior do conformismo generalizado a ínfima variação preestabelecida em que ele acredita decidir sobre sua unicidade.

A cultura grega tinha sido sensível, em sua exigência democrática inicial – que ainda não é o que Platão em sua *República* condenará –, a uma igualdade de pura rivalidade. Nietzsche escreveu o elogio dessa forma de igualdade em um de seus *Cinco prefácios para cinco livros não escritos*:[14] o outro é meu igual quando me considero digno de rivalizar com ele. A segunda igualdade, fruto do Iluminismo ocidental, é a igualdade estatutária: todos nascem portadores dos mesmos direitos, de uma dignidade equivalente, iguais perante a lei. O conformismo "moderno" faz surgir uma igualdade então de normalização. Por meio dela a ordem do mundo se torna para nós aceitável, e quase desejável. É pelo desejo de sermos nós mesmos que nos fazemos mais parecidos com os outros. Os que decidem sobre a economia, os papas da comunicação fazem cintilar, no fundo do lago do conformismo, o fantasma de um si liso, luminoso. E cada um, novo Narciso, mergulha para aí morrer.

Depois da ironia cética e da provocação cínica, a contestação dos gozos uniformes tomou a forma do protesto lírico – ilustrado, entre outros, por Foucault, Pasolini, Deleuze etc. – que traz a reivindicação de um elitismo e um aristocratismo que não se baseariam no desprezo do povo, na aversão pela cultura popular, mas numa exigência de elevação. O que significa a recusa do maciço e contínuo rebaixamento cultural pelos exploradores da fraqueza,

---

14. Reimpresso em F. Nietzsche, *Œuvres*, Marc de Launay (org.). Paris: Gallimard/La Pléiade, 2000, tomo I [*Cinco prefácios para cinco livros não escritos*, trad. Pedro Süssekind. São Paulo: 7 Letras, 1996].

da covardia, da frustração, até da humildade – todos aqueles que mantêm e alimentam o conformismo pelo suco de obediência que ele secreta, sedativo das consciências. A contraigualdade é uma igualdade de exigência. A voz que sustenta seu canto – em nome da raridade do belo, da dificuldade do verdadeiro, do lirismo da erudição – faz ouvir a singularidade do autêntico comum. O universal é sempre o protesto de uma diferença.

7.
O ANO DE 1961

Para podermos sentir até que ponto desobedecer pode ser visto como difícil e arriscado, é preciso lembrar o quanto, ao contrário, a obediência *desresponsabiliza* e faz conhecer o conforto de não ter de prestar conta a ninguém. A irresponsabilidade é outra coisa: ser incapaz de tomar uma decisão, mesmo quando há urgência; levar a vida dia a dia sem antecipar o amanhã; ser inconstante e volátil; ser com todos, e principalmente consigo mesmo, negligente. A desresponsabilidade é, mais exatamente, agir, executar, realizar, na certeza de que, em tudo o que faço, o *si* não intervém, que não sou o autor de nada do que o corpo realiza, do que o espírito calcula.

Adolf Eichmann é capturado na Argentina pelos serviços secretos israelenses em maio de 1960 e logo extraditado. Será julgado em Jerusalém entre os meses de abril e dezembro de 1961. É o planejador logístico da Solução Final, seu mestre de obras. Não certamente aquele que tomaria a iniciativa, que a decidiria, mas aquele que a organiza e, finalmente, sim, torna-a possível, efetiva, realizável. É aquele por quem os trens da angústia e da morte, os comboios da desonra da humanidade, os vagões para Auschwitz ou Treblinka partem na hora certa e chegam ao destino.

Seu processo, conduzido em Jerusalém, desencadeou na época um sismo midiático, político, mas também certamente ético.

Organizado como um evento, por razões internas à história de Israel que procedia com pedagogia visando aos judeus orientais não forçosamente conscientes da extensão do Holocausto, o julgamento reunia todo um povo em torno de um traumatismo histórico, de um confronto com um passado terrível. O processo repercutirá formidavelmente pela imprensa e pela televisão de todas as nações.[1] Esse processo Eichmann foi transformado, aba-

---

[1] Ver a esse respeito o trabalho coletivo organizado por Annette Wieviorka e Sylvie Lindeperg, *Le Moment Eichmann*. Paris: Albin Michel, 2016.

lado pelo relato, pela análise que fez Hannah Arendt, ainda que ela só tenha assistido às primeiras semanas do processo judicial, como repórter para a *New Yorker*. E, como se sabe, a expressão que ela empregou – para qualificar a existência, a condição, a situação daquele que se havia orgulhado de ter sido um colossal liquidador de judeus –[2] pareceu uma enorme provocação, no limite da blasfêmia, do suportável: a "banalidade do mal".[3] O livro de Arendt e essa expressão lhe valeram uma aversão profunda e duradoura por parte de muitos judeus, chocados pelo tom às vezes sardônico, zombeteiro, e escandalizados pelo uso do termo "banalidade", atraindo, assim, a incompreensão hostil de amigos estimados, como Gershom Scholem e Hans Jonas. A ênfase que ela pôs nos Conselhos Judeus (*Judenräte*), corpos administrativos que, no interior dos guetos, faziam o papel de intermediários entre as autoridades nazistas e as populações sequestradas, havia sido considerada mais do que desastrada: criminosa. Falando, a respeito deles, de "colaboração", a autora parecia sugerir sua culpabilidade, uma cumplicidade ativa de certos judeus com os responsáveis nazistas na empreitada de fazer massacrar seus próprios irmãos.[4]

A literatura histórica e filosófica consagrada a esse personagem sinistro e a seu processo é colossal. Eichmann tornou-se, sem

---

2. Ver sua horrível declaração: "Eu vou dançar no meu túmulo, rindo, porque a morte de 5 milhões de judeus [...] na consciência me dá enorme satisfação" (relatado por Dieter Wisliceny, citado por Léon Poliakov).
3. O subtítulo do livro é "Um relato sobre a banalidade do mal". A expressão se repete no corpo do texto, logo antes do epílogo: "[...] a lição da temível *banalidade do mal*, que desafia as palavras e os pensamentos", in *Eichmann em Jerusalém*, trad. José Rubens Siqueira. São Paulo: Companhia das Letras, 1999, p. 274.
4. Muitos não lhe perdoaram essas três frases terríveis: "Mas a verdade integral é que existiam organizações comunitárias judaicas e organizações recreativas e assistenciais tanto em nível local como internacional. Onde quer que vivessem judeus, havia líderes judeus reconhecidos, e essa liderança,

dúvida, a referência incontornável para pensar as relações entre responsabilidade e obediência, para pensar o que chamo aqui *desresponsabilidade*, embora a apresentação corrente que se faz do debate suscitado pelo processo não seja fiel nem à história, nem ao texto de Arendt, nem às declarações do próprio Eichmann. Existe um enigma Eichmann? As primeiras biografias do "especialista" das questões judaicas aparecem no momento mesmo do processo:[5] são precipitadas, fantasiosas, confusas, e desenham o que podemos chamar a "lenda negra" de Eichmann. Dão a imagem de um ser particularmente fraco, completamente odioso. Ele é apresentado, nesses textos escritos às pressas do início dos anos 1960 (biografias "sensacionalistas"), como um fracassado, animado desde a infância por um antissemitismo visceral, ligado a rancores antigos. Conta-se que na escola maternal era alvo de ofensas humilhantes porque seria parecido com um judeuzinho, daí o ódio que ele alimentaria por toda a vida contra esse povo. As pessoas gostam de imaginá-lo mais tarde em torpezas perversas, devassidões sexuais incríveis. Enumeram suas amantes, dizem que ele participava de orgias.

Sem chegar evidentemente a esses extremos, na abertura do processo de 1961, o procurador Hausner, em sua acusação, apoia-se na monstruosidade do personagem. Traça o retrato de um animal selvagem hediondo, que participou de maneira ativa

quase sem exceção, cooperou com os nazistas de uma forma ou de outra, por uma ou outra razão.
A verdade integral era que, se o povo judeu estivesse desorganizado e sem líderes, teria havido caos e muita miséria, mas o número total de vítimas dificilmente teria ficado entre 4 milhões e meio e 6 milhões de pessoas" (ibid., pp. 204-05 [pp. 141-42]).
5. São apresentadas por David Cesarani no início de sua biografia (*Adolf Eichmann*, trad. Olivier Ruchet. Paris: Tallandier, 2013).

e fanática da destruição do povo judeu.⁶ Eichmann, o sádico; Eichmann, o monstro, o perverso; Eichmann, o antissemita satânico. A lenda negra (o Eichmann diabólico) é sustentada pela evidência aprofundada pelo terror, em face dessa colaboração ativa numa empreitada de morte que levou ao extermínio de 6 milhões de pessoas.

O texto de Arendt publicado primeiro na *New Yorker* em 1963 – embora a revista o autorize com relutância – alimentará a lenda cinza de Eichmann, remodelada por Günther Anders (que foi o primeiro marido de Arendt) num texto de 1964 intitulado "Carta aberta a Klaus Eichmann"⁷ (o filho de Adolf). É a de um Eichmann descrito como um funcionário menor obtuso, deplorável, no fundo um medíocre, um indivíduo sem envergadura, apagado, grotesco, um executor insípido, mas bastante meticuloso: uma engrenagem passiva.

A realidade histórica instituída pelos historiadores e biógrafos⁸ faz valer uma realidade mediana, um entredois. Sem ter sido um ideólogo fanático e sádico, Eichmann também não foi um fantoche passivo de comportamento robótico, uma mera engrenagem no cerne da grande máquina nazista. Os pais de Eichmann faziam parte da comunidade protestante e respeitável da cidade de Linz, na Áustria. Adolf obtém resultados medíocres na escola. Sua vida social é ativa, entra para a ss depois do avanço eleitoral dessa organização, escolhe fazer carreira em

---

6. "Senhoras, senhores, honrável Corte, diante de vocês encontra-se o destruidor de um povo, um inimigo do gênero humano. Ele nasceu homem, mas viveu como um animal na selva. Cometeu atos abomináveis. Atos tais que aquele que os comete não merece mais ser chamado homem" (Rony Brauman & Eyal Sivan, *Éloge de la désobéissance*. Paris: Le Pommier, 2006, p. 110).
7. Republicado em Günther Anders, *Nous, fils d'Eichmann*, trad. Sabine Cornille & Philippe Ivernel. Paris: Rivages, 2003.
8. Penso no já referido livro de D. Cesarani, op. cit., 2013.

seus quadros uma vez que o partido nazista ganhou em "respeitabilidade", por oportunismo frio, ao que parece, mais do que por antissemitismo delirante. É como "especialista em assuntos judaicos" que se ilustrará nos anos seguintes, trabalhando nos serviços de segurança do Reich. Depois que a presença de populações judias no seio do Reich foi definida por Hitler como "problema", Eichmann impõe-se como o mestre da implementação das "soluções". Primeiro, a "solução política": expulsão programada e "racional" dos judeus para fora da Alemanha e da Áustria. Em Viena, a partir de março de 1938 (depois da *Anschluss*), Eichmann precipita de maneira brutal e cínica a "emigração forçada" dos judeus austríacos, expulsando mais da metade da população em apenas um ano e meio. A deflagração da Segunda Guerra Mundial obriga os nazistas a sair do esquema de uma emigração obrigatória. Em Berlim, dessa vez, a partir de 1939, Eichmann trabalha para a construção de uma solução dita "territorial", a saber, a deportação forçada para territórios periféricos. Redige, em 1940, o plano Madagascar prevendo a deportação dos judeus da Europa para a colônia francesa (o plano seria abandonado), depois organiza o transporte forçado de populações para "reservas judaicas" nos confins do Reich (plano Nisko). Por fim, realiza-se, em 1942, a Conferência de Wannsee que decide pelo massacre planejado dos judeus da Europa em campos de extermínio, a Solução Final. Eichmann, presente à conferência como redator da ata da reunião, é logo nomeado "administrador do transporte": responsável pela logística dos comboios da morte. Em 1944, enviado à Hungria, organiza as deportações brutais, as "marchas da morte", a que dá prosseguimento, mesmo quando Himmler lhe ordena interromper os extermínios, com o pretexto de que quer receber a ordem diretamente de Hitler.

As biografias fazem então aparecer um entredois: nem um ser satânico colocando seu apetite de destruição a serviço da obra de morte nazista, nem um pobre coitado abocanhado pela grande administração. Eichmann foi "oportunista", sendo que se tratava de eliminar um povo. Do ponto de vista das "responsabilidades", ele não terá sido nem "alguém que decide" nem um "executor" de último escalão – ele repetirá constantemente ao longo do processo que nunca participou diretamente do extermínio, e sim somente do transporte: "Eu sentia muito alívio por não ter nada a ver com a realidade do extermínio físico".[9]

A oposição entre o negro e o cinza estrutura o debate em torno desse caso há várias décadas. Cada perspectiva alimenta teses, contrateses, argumentos que se contestam. O processo Eichmann continua a obcecar a reflexão ética contemporânea porque põe em movimento a dialética vertiginosa da responsabilidade e da obediência.

Apoiar-se na narrativa negra é ver nas escolhas de carreira de Eichmann a expressão de um ódio antissemita monstruoso. O primeiro efeito dessa demonização é a concentração da escuridão moral em sua pessoa. Sua condenação à morte é a única coisa que se pode desejar, mas fazendo com que a pena tenha valor de uma função-limite: a eliminação. Puni-lo é apagá-lo da face da Terra para livrar a humanidade de um ser diabólico. Ao mesmo tempo, esse foco sobre um indivíduo evita fazer o julgamento de um sistema e oculta a cadeia das cumplicidades. Esclarece-se o enigma da loucura nazista pela monstruosidade de alguns tarados, e a hiper-responsabilização de um punhado de indivíduos tem por efeito, se não por função, desculpabilizar todos os outros. Eichmann é rejeitado para uma alteridade sádica

9. R. Brauman & E. Sivan, op. cit., 2006, p. 167.

à qual não imaginamos um só instante que possamos pertencer. E essa escuridão no fundo nos tranquiliza. Eichmann é constituído como exceção imoral que anula antecipadamente a compreensão dos mecanismos que, no futuro, poderiam fabricar novos Eichmann. Acusar a modernidade técnica, a segmentação administrativa, a desumanidade gestora torna-se impossível. Fora da psicopatologia do monstro, só a filosofia moral pode ser convocada, mas muito abstratamente, para tentar nomear, articular, chegar perto dessa escuridão moral metafísica irredutível: pecado original em Agostinho, mal radical em Kant, pulsão de morte em Freud...

Vejamos agora o outro ramo da alternativa. A narrativa cinza de Eichmann torna o processo do sistema totalitário – e mesmo, mais além, da modernidade técnica, da gestão burocrática das pessoas, do tratamento racional das massas humanas, isto é, do que pode, em nossa atualidade, constituir uma relação "totalitária", fria, desumana, anônima – indiferente ao outro. A questão passa a ser: Eichmann não seria o perfeito representante do executor desalmado e impiedoso, do agente robótico que constituiria o verdadeiro perigo para nossas democracias liberais? O que é realmente denunciado como perigoso não é a escuridão moral, mas uma certa transparência cinza administrativa. Objetivamente, Eichmann teria sido o tipo perfeito do executor indiferente ao que faz contanto que o faça bem, uma engrenagem lubrificada. Günther Anders instruiu em toda a sua obra esse processo da modernidade técnica como fermento do totalitarismo,[10] levantando a questão dos efeitos éticos da extensão da máquina. Fragmentação das tarefas, segmentação das ati-

10. G. Anders, op. cit., 2003. Ver também numa perspectiva similar Zygmunt Bauman, *Modernidade e Holocausto*, trad. Marcus Antunes Penchel. Rio de Janeiro: Zahar, 1998.

vidades, o mundo técnico-burocrático fabrica indivíduos moralmente anestesiados. Eichmann trabalha em seu escritório com números e nomes, assina listas, determina horários. E, dado que a administração multiplica as mediações, as hierarquias, ele é física e mentalmente isolado da catástrofe humana que provoca todos os dias. Ou melhor, essa fragmentação técnica da ação o auxilia a permanecer cego. Cada um se concentra em seu pedacinho de atividade, e a monstruosidade do conjunto não é visível por ninguém. Anders insiste também no efeito desrealizador do número. Quando se trata de matar cinco, dez pessoas, é possível visualizá-las, imaginá-las. Quando são milhares, centenas de milhares, milhões de indivíduos a exterminar, tudo se torna muito mais abstrato e inimaginável.

Administram-se massas, escolhem-se quantidades, distribuem-se fluxos, classificam-se números: são precisos tantos por trem; esvaziar um gueto, à razão de tantas pessoas deportadas para os campos da morte, ou seja, tantos dias, meses etc. No fim das contas, serão 6 milhões de judeus exterminados, e isso não é imaginável. O tratamento de massa aniquila *a imaginação do semelhante* e destrói a sensibilidade para com o próximo, que estão na raiz da compaixão, do sentimento de humanidade. Os números são mudos, fechados em si mesmos, remetem-se a uma parte de cálculo puramente racional e frio em nós. E, nesse ponto, é preciso indagarmo-nos, escrevia Anders, se não somos todos filhos de Eichmann, se nosso mundo não está inteiro em via de "se tornar máquina".[11]

Além do vigor da denúncia do mundo técnico em sua potência de desumanização, a narrativa cinza tem efeitos éticos

---

11. "Nosso mundo atual, em seu conjunto, está se transformando em máquina, está em via de se tornar máquina" (G. Anders, op. cit., 2003, p. 91).

paradoxais. A crítica do "sistema" em sua totalidade acaba por abolir a distinção entre o carrasco e a vítima. Essa distinção em sua agudeza moral atenua-se por trás da simples distinção entre a matéria-prima e as engrenagens, cada qual participando da mesma máquina infernal. A hiper-responsabilização do sistema também fornece evidentemente pretextos a Eichmann, que seria "vagamente" responsável, porém, como todos nós, com uma responsabilidade diluída, generalizada, estendida a todos os comparsas passivos que "participam" do sistema, o carregam, apoiam, mantêm. Mas quem não "participa"? Responsabilidade difusa: sim, nesse ponto, todo mundo é responsável, ninguém o é.

Nesse ponto, podemos contrapor: "Vocês reduzem com muita facilidade o que chamam de 'sistema' à modernidade técnica; é isso que lhes permite dizer que a denúncia do sistema desculpabiliza o indivíduo, pois então só resta um funcionamento sem alma. Mas o sistema são sobretudo as cumplicidades, cada um garantindo ativamente uma empreitada coletiva".

A narrativa cinza nos permite indagar se, *em nosso nível*, não seríamos pequenos Eichmann. Ela permite fazer aparecer nossa monstruosidade, uma monstruosidade passiva, medíocre, mas que uma mudança de contexto poderia tornar assustadora. E teríamos, então, a força de desobedecer?

O debate teórico-ético em torno do processo de Eichmann congelou-se a partir dos anos 1970 nos termos de uma oposição abstrata: ou você faz de Eichmann um monstro de antissemitismo, esquecendo de pôr em causa a modernidade gestora e nossas próprias covardias, porque Eichmann é rejeitado para uma exterioridade maléfica; ou faz o processo da monstruosidade da modernidade técnica, ao risco de torná-lo uma peça "inocente" do sistema.

A cada vez, a espiral da obediência e da desresponsabilidade é interrogada; ela pode ser complicada ainda mais se nos lançarmos no seguinte discurso: "Preste atenção, Eichmann se serviu dessa postura de obediência passiva ao longo de todo o seu processo para se desresponsabilizar. Retórica clássica da defesa. Se você aceitar transformá-lo em um autômato prisioneiro da grande máquina nazista, estará fazendo o jogo dele e, ao pensar que faz o processo da modernidade técnica, estará subscrevendo à sua linha de defesa pessoal. Essa atitude de pequeno funcionário medíocre sob completa tutela, de gestor submisso sem margem de iniciativa é a de um personagem fictício maquiavélico pelo qual ele pretende ser inocentado e assim escapar à condenação justificável: a morte. Ele se fez mais insípido do que era, exagerou no papel do imbecil".[12]

Mas é preciso sair da alternativa entre a lenda negra e a narrativa cinza, o que farei por meio de um *retorno*: primeiro, voltar às declarações expressas de Eichmann durante seu processo, voltar também ao texto de Arendt, elucidar o que ela quer dizer por essa "banalidade do mal" da qual Eichmann permanece, há mais de meio século, o sinistro e perverso representante.

Por certo, encontraremos aqui e acolá algumas declarações de Eichmann insistindo no fato de que apenas "executou ordens", "fez seu dever", que, portanto, não haveria como puni-lo, pois não se condena alguém que faz seu dever. Mas, olhando com mais atenção, nunca se ouve Eichmann dizer: "Vocês não podem me punir, não sou responsável pelo genocídio dos judeus, porque não fiz mais do que obedecer, eu era apenas um fantoche submisso, articulado por outrem". E tampouco diz: "Eu não tinha

---

12. Ver nesse sentido Isabelle Delpla, *Le Mal en procès: Eichmann et les théodicées modernes*. Paris: Hermann, 2011.

escolha, era a obediência ou a morte".¹³ Na realidade, ele se reconhece responsável, mas desloca a responsabilidade, situa-a num ponto em que ela já não pode se comunicar com a culpabilidade do genocídio. Ele reconhece uma primeira responsabilidade sua, técnica, reduzida ao transporte de pessoas. Tinha um trabalho a fazer, ordens a executar. Aceita ser punido, mas só nesse contexto. Seu problema era que os trens partissem na hora. Puro problema de logística. Ele recusa ser considerado responsável pela finalidade mortal das viagens. E o trabalho era justamente, infelizmente, muito bem-feito. E reconhece uma segunda responsabilidade, mais alta. Voltemos a suas declarações e o ouviremos repetir várias vezes: "Se obedeci, se continuei a servir, ainda que condenasse moralmente a empresa criminosa, ainda que estivesse em desacordo com a Solução Final, é porque eu estava amarrado por um juramento". Eichmann reivindica sua responsabilidade: ele quis se manter leal a seu juramento inicial. "Eu tinha ordens e devia executá-las conforme meu juramento de obediência. Infelizmente, não podia me subtrair a elas."¹⁴ O próprio Eichmann contradiz sua lenda cinza. Em vez de dizer: "Sabem, eu era só um pequeno funcionário sem iniciativa, a engrenagem de uma máquina que me ultrapassava e me triturava como homem, como consciência",¹⁵ ele reivindica a *moralidade* de sua obediência, apoia-a numa responsabilidade de pura lealdade. Não se desresponsabiliza: admite e até reclama sua responsabilidade, mas é em nome precisamente dessa responsabilidade que ele considera que não pode ser declarado

---

13. As declarações de Duch, o chefe do centro de tortura S-21 no Camboja, seguirão muito nesse sentido (ver o filme de Rithy Panh, *Duch, le maître des forges de l'enfer*. Paris: Éditions Montparnasse, 2012).
14. R. Brauman & E. Sivan, op. cit., 2006, p. 146.
15. À pergunta do procurador-geral "Você era passivo?", ele responde "não exatamente" (ibid., p. 147).

culpado do genocídio judeu. Essa responsabilidade é a do juramento prestado, do compromisso assumido:

> Declararei para terminar que já na época, pessoalmente, eu considerava que essa solução violenta não era justificada. Eu a considerava um ato monstruoso. Mas, para meu grande pesar, estando atado por meu juramento de lealdade, eu devia em meu setor ocupar-me da questão da organização dos transportes. Não fui dispensado desse juramento [...][16]

Nessa lealdade cega, com falsos ares solenes, nessa atroz dignidade reivindicada encontra-se também o que Arendt chama a burrice de Eichmann. Independentemente do que o fizeram dizer, Arendt nunca deixou de repetir: Eichmann é responsável; é justo que seja condenado à morte, mas não em nome de sua monstruosidade moral. Sabemos que Arendt, que não pôde ir a Nuremberg, vai a Jerusalém logo que o processo é anunciado: ela queria ver pessoalmente, ao vivo, um alto responsável nazista. E não poderá se desfazer de sua primeira impressão: mediocridade, normalidade do personagem, o que ela denomina até sua "apavorante" normalidade –,[17] mas, sob o Terceiro Reich, ser normal era ser um assassino. Ela vê um ser insignificante, fraco, jactancioso, sem envergadura, insípido.[18] Mas essa mediocridade nunca o desresponsabiliza. Arendt diz que ele é "zeloso"[19] e "burro". Eichmann superobedece. Põe energia, tenacidade em seu trabalho. Não devemos imaginar o Terceiro Reich como uma máquina

---

16. Ibid., p. 167.
17. H. Arendt, op. cit., 1999, p. 308.
18. Ela fala de um "fracassado" e de "frustrações" (ibid., pp. 40-41), denuncia sua "bazófia" (ibid., p. 54).
19. Ela evoca seu "grande zelo" (ibid., p. 48)

perfeitamente lubrificada, uma organização hierárquica e vertical impecável. Entre os órgãos do Partido Nazista, as estruturas de Estado e as células administrativas, o sistema abrangia uma multiplicidade discrepante de centros de comandos, hierarquias contraditórias, com atritos perpétuos, serviços acometidos por rivalidades. Era preciso batalhar para poder obter as autorizações necessárias. Em pouco tempo o caos completo teria reinado, a máquina de morte teria descarrilado se Eichmann tivesse sido um "submisso ascético",[20] se tivesse obedecido *a minima*, de má vontade. Mas ele se desdobrava para encontrar soluções. Cada um é, por definição, responsável por sua superobediência.

Arendt denuncia, portanto, a "burrice" de Eichmann.[21] O termo é perturbador e induz um mal-entendido imediato. Quando se fala de "burrice" a respeito de um delito ou de um crime, é para dizer: não foi por maldade, foi só burrice, ele não se dava conta. Mas Arendt aqui diz outra coisa. A burrice é pensar por clichês, por generalidades.[22] Eichmann é incapaz de ter uma opinião, ele só gosta das ideias prontas. É isso que Arendt chama de burrice: a automaticidade da fala, o pronto-pensar, os elementos de linguagem. Ela não estigmatiza nem a falta de espírito nem a limitação de inteligência, e sim a ausência de juízo. Mas essa ausência não é um déficit, é uma privação voluntária.

A "burrice", no cerne da obediência de Eichmann, não o desresponsabiliza, porque na sua idade o indivíduo é responsável por sua própria burrice.

20. Ver acima o capítulo 3, "Superobediência".
21. Sobre a burrice de Eichmann, ver as declarações de Arendt no "Pós-escrito" (ela fala aí de sua "pura irreflexão", sem "qualquer profundidade diabólica ou demoníaca", p. 320); ver também, com Joachim Fest, *"Eichmann était d'une bêtise révoltante": Entretiens et lettres*, trad. Sylvie Courtine-Denamy. Paris: Fayard, 2013.
22. H. Arendt, op. cit., 1999, p. 130.

A "responsabilidade do sistema" vale no nível metafórico e somente nesse nível; a justiça, por sua vez, exige que se faça o processo de um homem, e Eichmann seria condenado porque tinha feito a escolha da burrice, porque preferiu não pensar, não saber, não ver. Eichmann tornou-se culpado de autodesresponsabilização:

> Pensei: "Para que elaborar meus próprios projetos? Sou fraco demais e sem poder. Daqui em diante – era guerra – só farei o que me ordenarem. [...] Senti satisfação ao analisar minha situação a respeito das consequências da Conferência de Wannsee. Naquele momento, [...] senti-me virgem de qualquer culpabilidade. As personalidades eminentes do Reich tinham-se expressado na Conferência de Wannsee. Os 'mandachuvas' tinham dado suas ordens. Só me restava obedecer".[23]

A milhares de quilômetros de Jerusalém, em agosto de 1961, em pleno processo Eichmann, Stanley Milgram implementa, no subsolo de sua universidade, uma experiência de psicologia social. A séria e prestigiosa universidade de Yale, e, através dela, seu professor do departamento de psicologia, Stanley Milgram, havia enviado aos jornais de New Haven, nos meses de junho e julho de 1961, um anúncio convocando ao recrutamento, remunerado (4,50 dólares por uma experiência de cerca de uma hora), de voluntários com idades entre vinte e cinquenta anos dispostos a participar de um experimento científico sobre "a memória e a aprendizagem". Nenhum critério estatutário é exigido – porém, não são aceitos nem estudantes nem professores.

Várias centenas de indivíduos, com perfis sociológicos e psicológicos diversos, de níveis educacionais variados, apresen-

---

23. R. Brauman & E. Sivan, op. cit., 2006, pp. 115, 136.

tam-se. Gente de todo tipo, "homens comuns", como se diz. São introduzidos ao protocolo da experiência durante uma "entrevista". Anuncia-se que a experiência versará sobre os efeitos positivos ou não da punição sobre a memória. A questão é: a ameaça de sofrimento é suficiente para dinamizar nossas capacidades de memorização? Um experimentador (o referencial científico) com ar severo apresenta o protocolo de experiência criado para poder determinar objetivamente esse efeito. Serão escolhidos, por sorteio, um "professor" e um "aluno". O "professor", na presença do experimentador, ficará na frente de um painel elétrico composto de uma série de interruptores que determinam o envio de choques elétricos, aumentando de 15 em 15 e variando de 15 a 450 volts. Abaixo dos interruptores há inscrições indicando a progressividade dos choques: leve, moderado, forte, intenso, extremo, perigo (375 volts). Sob os dois últimos (450 volts), leem-se apenas três x inquietantes.

O professor começará por recitar pares de palavras formadas por um substantivo e um adjetivo (por exemplo, "grama verde"). Depois enunciará um adjetivo ("verde") propondo quatro substantivos. Exemplos: "planície", "regador", "lago", "grama". O aluno indica a solução acionando um interruptor (opção A, B, C ou D) e, quando erra na escolha de um nome comum, recebe uma descarga. A cada novo erro, o "professor" aciona o comutador situado à direita do precedente, o que significa a cada vez um aumento de 15 volts. O cálculo é simples: se comete trinta erros, o aluno acabará recebendo um choque de 450 volts. No teste piloto (o primeiro), o professor e o aluno são postos em aposentos diferentes. Uma divisória os separa, e eles são invisíveis um para o outro. Antes que a experiência comece, o "professor" é convidado a entrar na sala adjacente, onde vê uma cadeira munida de correias à qual "o aluno" – que ele já encontrou no momento da entrevista –

está amarrado, com eletrodos fixados no braço e ligados por um fio elétrico ao "gerador de choques" situado na outra sala.

Pode-se pensar que a simples apresentação de um protocolo durante o qual nos convidam, no contexto de experiências sobre a memória, a administrar choques elétricos necessariamente dolorosos a um completo desconhecido já bastaria para desestimular mais de uma pessoa – estava acordado, aliás, que os custos de transporte seriam reembolsados a quem se recusasse a participar da experiência depois de ter tomado conhecimento de seu conteúdo. Primeiro elemento de surpresa: nenhum, das centenas de participantes desse empreendimento, recusa-se, nenhum resiste à promessa de dar sua "contribuição" à ciência.

Evidentemente, a experiência é um engodo. Ela não tenta medir o papel do sofrimento na aprendizagem, mas nossas capacidades de obediência. A verdadeira questão é: até que ponto estaríamos dispostos, *por pura docilidade*, a nos transformar em torturadores? Quantos de nós poderiam infligir sofrimentos a um indivíduo que não nos fez nada, por simples injunção de uma autoridade científica?

Stanley Milgram, o professor de psicologia, que imagina, concebe e aplica essa experiência, nasceu no bairro do Bronx, em 1933, em uma família judia da Europa do Leste. Ele se orienta para a psicologia social, depois de estudos de ciências políticas, trabalhando em Harvard sob a direção de Solomon Asch, que havia imaginado as experiências sobre o conformismo.[24] Impressionado pelos resultados de Asch, quer ir ainda mais longe. Seria possível imaginar que possamos renunciar, não à nossa evidência perceptiva, mas dessa vez aos sentimentos de humanidade mais elementares, àqueles pelos quais nos repugna fazer o pró-

24. Ver o capítulo 6, "Do conformismo à transgressão".

ximo sofrer? E que renunciemos não pela pressão horizontal de um grupo, e sim pela injunção vertical de alguém que dá ordens?

Milgram imagina então uma experiência para demonstrar a facilidade com que um fulano qualquer pode assumir o papel do torturador. O homem comum, recrutado por anúncios, é sistematicamente designado – o sorteio é falso – como o "professor". É ele quem fará as perguntas, verificará a pertinência das respostas e enviará supostos choques elétricos ao "aluno". O "aluno" é "sr. Wallace", sempre o mesmo indivíduo: simplório, gorducho, inspira simpatia. Ele recebeu instruções precisas. A partir de 75 volts, começa a gemer; a 135, solta alguns gritos lancinantes; a 150, pede que o liberem da experiência; a 270, são gritos de dor; acima de 300 volts, não o ouvimos mais. Ora, o silêncio deve ser considerado, segundo o protocolo, um erro; implica que o "professor" aumente o nível das descargas depois de cada não reação. O experimentador, vestido de jaleco, fica de pé, rígido e frio, atrás do "professor". Se este último expressa o desejo de parar o experimento, a autoridade "científica" só consente se o "professor" conseguir superar quatro modelos de injunção que o homem de jaleco lhe dirige: "continue, por favor", "a experiência exige que continue", "é absolutamente essencial que continue", "você não tem escolha, deve continuar". Se o "professor" mantiver sua recusa de prosseguir depois da quarta fórmula, a experiência será interrompida. Mas, mais frequentemente, ela termina depois do envio das três descargas máximas (450 volts no contador); além, portanto, da menção "perigo" inscrita na grande caixa elétrica.

O próprio enunciado do dispositivo provoca calafrios. Psiquiatras, interrogados sobre a proporção de indivíduos que, segundo eles, estariam dispostos a levar a experiência até o fim e a infligir a descarga máxima, responderam: encontraremos certamente 1% de indivíduos dispostos a aproveitar uma experiência científica para satisfazer sua pulsão sádica. Os resultados da experiência são diferentes e desanimadores: muito mais da metade vai até o final. Por três vezes, mais de 60% dos "indivíduos comuns" enviam séries de descargas elétricas, enquanto ouvem o "aluno" gritar de dor, suplicar ou às vezes contrapor um silêncio angustiante. Isso quer dizer que a proporção de sádicos seria incrivelmente mais elevada do que pensamos? Pois, afinal, não é todos os dias que se encontra a ocasião de poder impunemente, e ainda por cima sob caução científica, infligir sofrimento gradual a seu próximo. Essa faculdade de ter prazer com a dor do outro estaria inscrita no íntimo de cada um de nós, desconhecida de nós mesmos talvez, até o dia em que nos é oferecida a possibilidade de externá-la?

Será que é isso mesmo que está em jogo aqui? Talvez não.

Milgram imaginou, em relação à "experiência piloto", algumas variantes visando introduzir mais proximidade entre o sujeito e a vítima: a vítima passa a ser audível, visível. Nada muda, a taxa de obediência não cai, exceto talvez quando se trata de tocar o aluno para manter o eletrodo fixo no punho. As únicas variantes de experiência nas quais o indivíduo comum se limitará a descargas mínimas serão quando ele tiver a opção de aumentá-las ou não, ou quando, ao dar, por exemplo, instruções por telefone, tiver a possibilidade de trapacear, sobretudo se estiver cercado de dois ou três outros participantes que denunciam vigorosamente o caráter intolerável da situação. O que paralisa as capacidades de desobediência é o confronto de um indivíduo a sós com uma figura da autoridade, confirmada por um ambiente institucional e técnico, e que, com voz neutra, tranquila, segura, dá ordens cuja monstruosidade é como que apagada pela legitimidade de sua fonte.

Repetindo, um primeiro encontro fictício tinha sido previsto entre o indivíduo comum e o aluno. O sujeito encontrou sua futura vítima – na experiência de Milgram, trata-se, como eu disse, de um homem de 47 anos de idade rechonchudo e simpático. Um falso sorteio, lembremo-nos, até tinha sido organizado para saber quem seria amarrado a uma cadeira com um eletrodo ligado ao punho e que estaria confortavelmente instalado diante de um painel elétrico. O indivíduo comum podia então perfeitamente se identificar com sua vítima, podia imaginar que também ele poderia receber choques elétricos violentos em seu lugar.

Com mais frequência, o "professor" novato interrompe ou trapaceia assim que fica sozinho, assim que já não sente atrás de si o peso da presença da autoridade que o vigia. Por outro lado, quase todos manifestam a partir de certa voltagem sinais de ansiedade: suor, voz hesitante, tremedeira do punho. "Tem certeza? 300 volts, tem certeza?" "Certeza total", responde a autoridade. Então, o interruptor correspondente é pressionado com hesitação. O que se expressa aqui não é talvez um instinto cruel há muito adormecido e que subitamente encontraria a oportunidade de se dar livre vazão, mas algo mais elaborado. As perguntas mais frequentemente feitas ao experimentador, vestido de jaleco cinza, rígido e distante, convergem todas para o mesmo objeto: "Mas tem certeza de que podemos continuar? Estou ouvindo gemidos, gritos de dor, ele me suplica para parar; eu não queria ser responsável por...". E a autoridade invariavelmente responde: "Não se preocupe, nós assumimos a responsabilidade por tudo, nós nos responsabilizamos pelo efeito desses choques elétricos".

E aí, então, sim, algo se libera. Mas não é uma agressividade selvagem, reprimida pela cultura, manando bruscamente do subsolo de uma universidade preparado como laboratório de tortura. É antes essa capacidade de aceitar ser no espaço de um instante apenas um braço, o movimento de uma mão. Há esse punho que aperta o interruptor, é verdade, mas não sou mais eu que o comando. Sou só um corpo, um autômato, e aquele que impõe o movimento a meu punho é, na realidade, esse cientista de jaleco escuro atrás de mim. No fundo, posso achar ignóbil fazer homens sofrer em nome da ciência, acho mesmo deveras desagradáveis esses gritos de dor e essas queixas. Mas é a "mim" que as súplicas se dirigem? Sou realmente "eu" que aciono o comutador? O "eu" da responsabilidade desertou. Talvez tenha se recolhido numa zona de consciência um tanto distante e flutuante. Milgram chama isso de "estado agêntico".[25] Em todo caso, o "eu" abandonou o corpo que, ali, naquela sala de universidade, aperta interruptores, inclusive aqueles que portam a menção "Perigo!". Aí, também, é preciso supor um ato inicial de renúncia de si, uma demissão voluntária da alma, valendo como consentimento em não ser mais que uma grande máquina vazia. E o que está em jogo, muito mais do que o sadismo, é essa capacidade de considerar que, afinal, um outro preside aos efeitos produzidos pelo movimento do meu corpo. A separação entre alma e corpo não é um problema metafísico. É uma ficção política.

    É esse momento da perversão ética, da desresponsabilização que Arendt chama de burrice. Mas é uma burrice ativa, deliberada, consciente. Essa capacidade de tornar a si próprio cego e burro, essa teimosia em *não querer saber*, é isso a "banalidade do mal".

---

    25. Ver a descrição desse estado no final do capítulo "Pour quoi obéir", in Stanley Milgram, *Soumission à l'autorité*, trad. Emy Molinié. Paris: Calmann-Lévy, 1974, pp. 166-68.

8.
DO CONSENTIMENTO À DESOBEDIÊNCIA CIVIL

Quero explorar um quarto núcleo de sentido da obediência, depois da submissão, da subordinação e do conformismo: o consentimento. Esse registro permitirá interrogar mais diretamente a relação política. Até o momento, mantivemo-nos na metáfora, pois tratava-se de dizer, sentindo-nos apoiados pelos desmistificadores: "Não me venham inventar histórias, o cidadão é, antes de tudo, submisso, prisioneiro da relação de forças. Ele obedece às leis como escravo. O Estado-déspota faz das leis a expressão e o multiplicador de sua força. Se o sujeito as 'respeita', é porque é forçado pela justiça, pela polícia e pelo exército". Outro discurso, mais sentencioso, poderia tentar fazer ecoar velhas fidelidades: "O cidadão honra, respeita, reverencia dirigentes responsáveis, que têm por eles a ciência, a sabedoria, a virtude, o sentido do sacrifício e da paixão social. Ele lhes obedece como se deve, como criança reverente: o Estado maternal/paternal sabe melhor que ele como produzir sua fortuna e sua felicidade". Mas, imediatamente, esquerdistas inspirados se levantavam para clamar: "Parem de sonhar, o cidadão obedece por automatismo. Obedece por hábito, inércia, para fazer como os outros; obedece como um robô, obedece da mesma maneira que consome".

Como um escravo, como uma criança, como um robô. Com o consentimento, seria possível dizer: cada um desta vez obedece como cidadão. É como se, com o consentimento, encontrássemos por fim um estilo de obediência *propriamente política.* Seja no pensamento (teorias clássicas do contrato) ou no debate público (referências reiteradas dos dirigentes ao pacto republicano), o consentimento é pensado como o núcleo racional da obediência às leis da cidade.

A título de abertura, uma observação: os anarquistas muitas vezes concentraram sua raiva crítica no direito de voto e no casamento. Regularmente, esses são seus alvos, dois inimigos declarados.[1] O que há em comum então entre os dois? Vida privada de um lado, esfera pública do outro. A intimidade do casal de um lado, o destino de uma nação do outro. Pois bem, o que faz a ponte entre os dois é justamente o estilo de obediência: consentir. Ouve-se logo, a respeito do casamento de particulares, como a respeito do voto dos cidadãos, uma pequena melodia, o mesmo refrão: "É tarde demais". Tarde demais para quê? Para desobedecer. Se você se desgasta com as monotonias conjugais, se considera escandalosas as leis votadas por uma maioria parlamentar batendo continência a seu partido, não se queixe: pois você consentiu diante do senhor prefeito, disse "sim" em plena consciência, introduziu a cédula na urna. Ninguém o levou à força diante de sua futura esposa. Você foi à cabine sem um revólver apontado para a cabeça, aceitando de antemão o jogo democrático e a vida conjugal.

Em suma, você consentiu, e consentiu *livremente*. O consentimento é um ato pelo qual nos constituímos prisioneiros de nós mesmos.[2] O consentimento é uma obediência livre, uma alienação voluntária, uma imposição plenamente aceita. E é ele que serve de grade de leitura para pensar a obediência às leis públicas.

1. Entre milhares de outras citações: as de Joseph Albert, dito Albert Libertad, "*Le Criminel, c'est l'électeur*" [O criminoso é o eleitor] (*L'Anarchie*, n. 47, 1906), e de Élisée Reclus (Carta a Jean Grave, *Le Révolté*, 11 out. 1885), "*Voter, c'est abdiquer*" [Votar é abdicar]; ver também o conjunto das declarações de Emma Goldman ou de Nelly Roussel sobre o casamento como "prostituição" e "escravidão". E até o brado de Léo Ferré: "Não vote, não case, senão está ferrado. Ela era bela como a revolta" ("Il n'y a plus rien", in *Il n'y a plus rien*. Paris: Barclay, 1973).
2. Deixo de lado aqui outro uso do termo, o que poderíamos chamar de "consentimento superior". Isto é, a atitude a partir da qual *acedemos* ao pedido de alguém. Com base em uma posição de poder, você *consente*: um patrão consente aumentos de salário, um pai consente a seus filhos horas a mais de lazer. Consentir é acabar aceitando, é uma permissão. Consente, então, aquele que estaria em posição de proibir, mas oferece ao outro uma margem de liberdade, como uma graça.

Casos retumbantes, tomadas da palavra públicas e disposições legislativas recentes relançaram estes últimos anos um debate intenso em torno do consentimento, mas conduzido de uma maneira geral e extrapolítica.[3] Seja, por exemplo, a exigência de obter o consentimento do paciente, antes de uma intervenção médica, para que ele não seja tratado como um mero objeto, um saco de órgãos;[4] sejam ainda os debates sobre a prostituição "livre", com a questão de saber se cada um é efetivamente proprietário de seu corpo até poder dispô-lo "livremente" à locação para o prazer de outrem. Além disso, há casos insólitos ou escabrosos: o "arremesso de anão",[5] o canibal recrutando vítimas consensuais na internet (Detlev Günzel), o vídeo sadomasoquista belga...[6] Os debates foram complexos e intensos. A dificuldade vinha a cada vez do descolamento operado entre dois conceitos que até então pareciam perfeitamente indissociáveis, indefinidamente passíveis de se sobrepor: liberdade e dignidade. Desde Pico della Mirandola ao menos,[7] não se parou de dizer: a dignidade do homem está em sua liberdade.

Ora, eis que se decidia contrapor *exteriormente* a outrem, em práticas livremente consentidas, sua própria dignidade, dizendo-lhe: "Não, não é digno que você se sirva de bala de canhão para atrações de parques de diversões, não é digno que se preste ao comércio de seu corpo para serviços sexuais. Por mais que

3. Ver os livros de Geneviève Fraisse (*Du consentement*. Paris: Seuil, 2007) e Michela Marzano (*Je consens, donc je suis...* Paris: PUF, 2006).
4. Artigo R4127-36 do código da Saúde Pública estabelecendo que "Deve-se procurar obter o consentimento da pessoa examinada ou tratada em todos os casos".
5. Ver o artigo de Hélène Thomas, "Du lancer de nain comme canon de l'indignité. Le fondement éthique de l'État social", *Raison Politique*, n. 6, fev. 2002.
6. Acórdão da Convenção Europeia de Direitos Humanos (CEDH), 17 fev. 2005 (caso K.A. e A.D. c. Bélgica).
7. Giovanni Pico della Mirandola, *Discurso pela dignidade do homem*, trad. Antonio A. Minghetti. Porto Alegre: Fi, 2015.

você me diga que o problema é seu, que é o que você quer, que deu o seu total consentimento, é impossível querer livremente contra sua própria dignidade. A sociedade lhe recusa esse direito, pois reconhece valores transcendentes, sagrados, *objetivos*, independentes do exercício que cada um faz de seu próprio juízo e das escolhas pessoais. Ao defender esses valores, para além das suas escolhas irresponsáveis, ela protege cada um contra si mesmo, e se protege ela própria ao defender normas invioláveis, definitivas, independentes das escolhas de vida particulares".

Problema: essa dignidade é realmente *fundamentada*, ou seria apenas outro nome para conveniências sociais? Mas não poderíamos, ao contrário, aceitar que a fonte última de legitimação, o critério de justiça, fique a cargo das pessoas, e que em matéria, por exemplo, de sexualidade, se diga: "Aqui a lei não tem nada a dizer; desde que os 'adultos' consintam, podem fazer tudo entre si"?

É preciso, sem dúvida, completar esses discursos (o tradicionalista e o libertário) por um terceiro que diria: "Mas, enfim, parem de contrapor liberdade a dignidade, livre arbítrio a princípio de humanidade; todo esse debate só vale para uma minoria derrisória: os *bobos*[8] libertários contra os reaças conservadores. Ora, salvo exceção – e a exceção é tagarela porque a maioria é silenciosa –, é por necessidade que se vende o próprio corpo, pela mecânica da miséria que leva a perder em conjunto a dignidade e a liberdade. É sempre a mesma lógica: a pessoa é levada a se tornar escrava pelo ciclo da miséria; no final das contas ela consente sobretudo, essencialmente, em sobreviver".

Se o debate pode jogar a dignidade contra a liberdade é que o próprio conceito de consentimento estabelece uma articulação contraditória. Consentir é consentir livremente em ser depen-

---

8. *Bobo*: contração das palavras *"bourgeois"* (burguês) e *"bohème"* (boêmio). [N.T.]

dente de um outro. "Eu consinto..." Ao assinar, aceito de antemão exigências que podem se opor entre si. O consentimento supõe um ato inicial de renúncia. Ele produz essa desproporção entre a pontualidade desse suposto ato e a longa cadeia de servidões interrompida com a emissão paradoxal do primeiro "sim": "Sim, eu quis livremente minha própria alienação". O consentimento organiza a possibilidade de se constituir a si mesmo como passividade. Passagem ao limite: o paradigma do consentimento é o pacto masoquista. Gilles Deleuze,[9] relendo os compromissos escritos que Sacher-Masoch redige e assina com sua amante Wanda,[10] sublinha a importância do contrato no masoquismo. Abandonando as reconstruções freudianas em que as pulsões agressivas ou se voltam contra o sujeito, ou se projetam contra um terceiro, na lógica abstrata do "sadomasoquismo", Deleuze identifica, e escapou a Freud, a singularidade do desejo masoquista na ritualização jurídica cuidadosa desse consentimento, com um contrato devidamente assinado. Submeto-me livremente, de tal data a tal data, aos caprichos de um outro, abandono-me indefinidamente à passividade dos sofrimentos, às condições supracitadas, recomendando o uso de tal ou tal chicote... O masoquismo revela e perverte a lógica do consentimento: pensar uma "servidão voluntária", mas distante do encanto descrito por La Boétie,[11] pois ela se baseia na forma fria de uma aceitação claramente redigida, de uma demanda escrupulosa, prazerosa, assumida, de se tornar livremente o escravo de outrem.

 A forma geral do consentimento revela três dimensões: é livre; abre para um sistema de dependência; é pontual. O que cha-

---

9. G. Deleuze, *Présentation de Sacher-Masoch: Le Froid et le cruel*. Paris: Minuit, 1967 [*Sacher-Masoch: o frio e o cruel*, trad. Jorge Bastos. Rio de Janeiro: Zahar, 2009].
10. Alguns são apresentados pelo doutor Krafft-Ebing, "Masoquismo", in *Psychopathia sexualis* [1886], trad. Claudia Berliner. São Paulo: Martins Fontes, 2001.
11. Ver acima o capítulo 3, "Superobediência".

mo aqui liberdade é uma decisão racional e refletida que supõe antecipações, projeções, um cálculo da razão. Essa liberdade se constitui na pontualidade determinada e materializada de um ato (a assinatura de um contrato). Se é preciso lembrar a cláusula inicial de liberdade, é porque consentimos sempre com as exigências. Consentir é aceitar livremente, a partir de um ponto t, em limitar nossa própria liberdade ou mesmo renunciar a ela. É nesse estilo de obediência tão particular que a modernidade política foi buscar suas referências. A evocação recorrente que cada governante faz do pacto republicano inscreve-se nessa linha. Se você comete a loucura de desobedecer a uma lei votada segundo os devidos procedimentos por representantes livremente eleitos, considerando que ela é injusta por ser puro produto de transações iníquas, ou de contestar decretos escandalosos, mas estabelecidos segundo uma regularidade administrativa, ouvirá esse discurso: "Você *deve* obedecer às leis. Como sujeito político, como cidadão você aceitou o jogo democrático. Conhece as regras, *desde sempre já* consentiu". Dogma maior, único, sacrossanto do contrato social: a obediência política é o eco de um consentimento inicial, cujo efeito colossal é bloquear a obediência, tornando a desobediência impossível, ilegítima.

    No entanto, situar o consentimento no centro da relação política era uma conquista da modernidade: condenação do paternalismo que nos fazia aceitar, como bons sujeitos dóceis, o comando superior das autoridades boas e competentes; rejeição do teológico-político que fazia ver Deus por trás do monarca; recusa, por fim, do modelo do escravo submetido a um Estado que impõe sua força e reprime pela Justiça arbitrária e pela Polícia brutal. Pensar, no princípio da relação política, um contrato originário, um pacto primitivo é considerar os cidadãos como adultos responsáveis, sujeitos autônomos, seres livres. Grandeza de

Hobbes, grandeza de Locke e de Rousseau: com eles a política é entendida como a articulação racional de um querer-viver juntos. Se há contrato, somos nós que queremos *fazer política juntos*.

Tudo isso está inscrito nos textos principais: o *Leviatã* de Hobbes, o *Segundo tratado sobre o governo civil* de Locke, o *Contrato social* de Rousseau. E, nesses textos, a mesma história é contada, sem dúvida com fortes variações, mas sempre a mesma estrutura: oposição entre o estado de natureza originário e o estado social atual. *Atualmente*, vivemos em sociedades regidas por regras de viver-junto, leis públicas que a justiça e a polícia, dominadas por autoridades políticas, fazem respeitar. Mas imaginem a extinção do Estado, a anulação das leis, a evaporação das instituições, ou mesmo imaginem o estado dos homens, sua condição *antes* do aparecimento dos Estados. E nesse ponto os pensadores do contrato fazem uma pintura sombria. Tomemos a de Hobbes,[12] porque é a mais impressionante. No estado de natureza, escreve ele, vejo em ação três paixões naturais que produzem efeitos destruidores: a cobiça natural, que me faz desejar tudo o que o outro possui, torna-me definitivamente enciumado de suas posses e alimenta em mim uma inveja destrutiva; a preocupação com a glória, que me faz assumir grandes riscos para mostrar a qualquer pessoa que sou superior a ela; e a desconfiança instintiva, que me leva a antecipar qualquer agressão atacando primeiro e me obriga a ficar alerta, perpetuamente inquieto. Inveja, vaidade, desconfiança: essas três paixões naturais fazem da condição natural dos homens um verdadeiro inferno. Locke propõe um quadro um pouco menos sombrio: ele não imagina um caos imediato, mas somente a lenta degradação de um período inicial tranquilo, em que cada um cultiva seu jardim, logo seguido pela erupção de um ciclo de violências provocado pela impunidade e pela ausência dos juízes. Em Rous-

---

12. Essencialmente no cap. XIII de seu *Leviatã*.

seau (*Discurso sobre a desigualdade*), a narrativa é mais longa e mais complexa, a transição, mais lenta (a primeira idade de ouro de paz, solidão e harmonia se estende consideravelmente), e as épocas intermediárias, mais ricas (a era dos pequenos clãs e das competições prósperas). Mas aí também a história humana esbarra com tempos de violência e de miséria dos quais o pacto social deveria nos salvar.[13] A sociedade é, em todos, pensada como o resultado de uma decisão comum e livre, pela qual a humanidade se livrou do caos.

Resta compreender a natureza desse consentimento que se supõe na origem das sociedades organizadas. Ele é irredutível ao modelo jurídico que descrevemos anteriormente quando se tratava simplesmente de dizer: consentir é, por meio de um ato pontual, entravar nossa própria liberdade, segundo uma duração e modalidades determinadas.

O consentimento político supõe ao menos duas outras dimensões que alteram, reconfiguram esse modelo inicial. O ato é, de início, indefinidamente remetido a uma bruma das origens, um passado levemente mítico. Nossos ancestrais tiveram outrora que se reunir e pactuar juntos. Esse ato primeiro, mais do que um começo reconstituído pela força da imaginação, é um princípio lógico, um fundamento. Sim, se vivemos *hoje* em sociedades políticas, é porque *ontem* consentimos, *todos* consentimos juntos. Democracia transcendental: as divisões sociais, as disputas partidárias são superficiais; estamos *todos desde sempre* de acordo para "fazer sociedade" e obedecer às leis. É a condição de possibilidade do político. Mas estamos de acordo para obedecer às leis *ou* para "fazer sociedade"?

---

13. Essa é a parte final do "Discurso sobre a origem e os fundamentos da desigualdade entre os homens" (in *Escritos sobre a política e as artes*, trad. Iracema Soares e M. Cristina Nagle. São Paulo: Ubu Editora, 2020, p. 223.), com Rousseau evocando a "mais terrível desordem" e "uma situação [...] na qual ninguém encontrava segurança".

Quando os impostos são considerados pesados demais, as leis, injustas, quando as decisões do governo são questionadas por uma desobediência concertada, sempre se ouve a pequena voz que sussurra: "Ora, é tarde demais, era preciso ter pensado antes, foram vocês mesmos que nos elegeram". Impossível voltar atrás. A ideologia do consentimento é fazer-nos compreender que é sempre tarde demais para desobedecer. Nossa modernidade política deu como ponto de gravitação para a obediência cotidiana às leis um consentimento efetuado por cada um e por todos, um consentimento *instituinte*: e por meio dele uma ordem política, uma sociedade regida por leis comuns, uma autoridade soberana e um Estado de direito se tornaram possíveis.

Seja a fórmula do consentimento securitário: "Consentimos todos juntos em renunciar a nossas pretensões naturais e traçamos, por meio desse acordo unânime, o volume de um lugar *separado* do poder que promulgará regras comuns, formulará leis públicas. Através dessa obrigação, imposta a todos por essa autoridade única, a segurança geral deverá ser garantida. Antecipadamente, portanto, obrigamo-nos para com o Estado a obedecer às leis cuja finalidade primeira, mais uma vez, não é a justiça, mas a segurança".[14] Se o pacto primeiro é a tal ponto motivado pelo medo de morrer, todo ato de desobediência será imediatamente suspeito de reintroduzir a anarquia primeira. É uma ética do sobrevivente que se convoca.[15] Obedecemos porque não queremos morrer, porque não queremos voltar ao caos social.

14. Pensamos, nesse ponto, evidentemente, na construção de Hobbes em seu *Leviatã* e, particularmente, no cap. XVII, que articula, mais rigorosa e extensamente do que aqui, o pacto de segurança.
15. Será que ao menos ela é possível? Isto é, seria um ato de liberdade preferir a vida à morte? Ao que Hobbes responde: em qualquer sociedade constituída, nenhum consentimento arrancado à força por uma ameaça de morte poderia obviamente ser reconhecido como legítimo diante de um tribunal.

Pode-se vislumbrar outro modelo, mais republicano, mais "rousseauísta". Não é questão de imaginar então que, por seu acordo unânime, o povo faria sociedade com base em *sua submissão a um Outro* (o Estado soberano). O povo nunca pode consentir senão a si mesmo, isto é, a esse "Nós" que é, a um só tempo, causa e resultado do consentimento. Desde sempre decidimos obedecer, mas obedecemos à "vontade geral". Retomando uma frase de Rousseau ("O acordo de dois interesses particulares forma-se por oposição ao de um terceiro. [...] Poderia ter acrescentado que o acordo de todos os interesses se forma em oposição ao de cada um."),[16] Arendt analisou a estruturação ética que esse modelo supõe: cada cidadão deve perpetuamente, em sua vida política, fazer um esforço em e sobre si mesmo para lutar contra a invasão do que poderia ser um interesse particular, uma paixão pessoal. O pior inimigo é ele próprio como particular: "Para participar do corpo político nacional, cada membro da nação deve se erguer e se manter em rebelião constante contra si mesmo".[17] Do que vamos então suspeitar no ato de desobediência? Pois bem, o escândalo de uma preferência egoísta: desobedece aquele que prefere seu interesse pessoal à coletividade. Não é a ética do sobrevivente que deve animar a obediência política, mas uma ética sacrificial.

Em contrapartida, o consentimento originário, o consentimento à ordem do político, é livre, mesmo quando se trata de preferir a morte à vida. É que o medo de morrer é o transcendental do político. "[Se fosse verdade que] todos aqueles que consideram nulos os pactos originados no medo da morte ou da violência [...] ninguém poderia, em nenhuma espécie de república, ser obrigado à obediência" (Thomas Hobbes, *Leviatã*, trad. João Paulo Monteiro & Maria Beatriz Nizza da Silva. São Paulo: Martins Fontes, 2003, p. 170). Obedecemos ao Estado definitivamente para não ter mais medo.
16. Jean-Jacques Rousseau, "Do contrato social" in *Escritos sobre a política e as artes*, trad. Ciro Borges Jr. e Thiafo Vargas. São Paulo: Ubu Editora, 2020, livro II, cap. 3, p. 534.
17. H. Arendt, cap. "A questão social", op. cit., 2011, p. 116.

A vontade geral é um novo tirano, o Supereu culpabilizante. Para obedecer às leis, o cidadão deve combater esse "inimigo particular oculto"[18] que cada um representa para si mesmo. A horizontalidade do "Nós" e da "vontade comum" se apruma e domina a consciência do cidadão. Em nome do Povo, em nome do Bem público – esse Povo que ele também é, esse Bem público que o cumula –, o sujeito se curva, e, curvando-se, deve-se dizer que é ante si mesmo que ele se prosterna: "[...] não passando a autoridade soberana da vontade geral, [...] cada homem, ao obedecer ao soberano, só obedece a si mesmo".[19]

O consentimento "vertical"[20] introduz no fundamento da relação política a obediência definitiva a um outro: seja a vontade geral,[21] figura hipostasiada do eu político de cada um da qual cada vez uma elite afirma ter a fórmula, seja o Estado soberano que assevera nossa segurança e compra nossa obediência ao preço da garantia de sobrevivência. Sob esses dois aspectos, o consentimento bloqueia a obediência. Ele alimenta esses dois tipos de discurso que se fazem ouvir assim que surgem movimentos de desobediência mais ou menos articulados. Primeiro discurso: "Vejam esses irresponsáveis, eles só querem a desordem; esses filhinhos de papai e desocupados nos levam direto à anarquia com seus sonhos impossíveis, suas utopias". Segundo discurso: "Esses egoístas só pensam em defender convicções minoritárias,

18. Ibid., p. 115.
19. J.-J. Rousseau, "Des Voyages", in *Émile*, livro V, ["Das viagens", in *Emílio ou da educação*, trad. Roberto Leal Ferreira. São Paulo: Martins Fontes, 1999, p. 652].
20. Hannah Arendt fala de uma "versão vertical do contrato social", em "A desobediência civil" [1970], in *Crises da República*, trad. José Volkmann. São Paulo: Perspectiva, 1973, p. 77.
21. "Cada um de nós coloca em comum sua pessoa e todo seu poder sob a suprema direção da vontade geral" ("Do contrato social", op. cit., livro I, cap. 6, p. 519).

esquecendo a grande maioria dos trabalhadores silenciosos, dos cidadãos industriosos para quem nossas leis são feitas". Nesse nível, o modelo do contrato impossibilita qualquer desobediência. Mas resta – Arendt e Habermas o compreenderam – algo de explosivo, de secretamente subversivo na ideia de contrato social, desde que aceitemos dizer: "Atenção, não consentimos previamente em obedecer nem em nos fundir numa unidade imposta de cima (o Bem do povo, o Estado protetor), mas simplesmente em *fazer sociedade*". É preciso retomar aqui a formulação de Locke em seu *Segundo tratado sobre o governo civil*:

> o início da sociedade política depende do consentimento dos indivíduos [*consent of the individuals*] de se unir e compor uma sociedade [*join and make one society*]; e que, quando estão assim associados [*"incorporated"*, "incorporados"], podem instituir [*might set up*] a forma de governo que melhor lhes convier.[22]

Assim incorporados... É o "assim" (*when they are thus*) que é notável. Trata-se primeiro de fazer corpo, de fazer sociedade juntos, e é nisso apenas que consentimos. O "nós" é imanente, móvel, plural, sem maiúscula. Não se destaca nem na forma de um Outro que impõe a ordem e a segurança, nem na forma de uma Vontade geral que exige da parte de cada um sacrifício ao coletivo. A obediência política (o respeito a tal ou tal lei, a fidelidade ao governo do momento) é secundária, ela deriva de um consentimento primeiro, "horizontal",[23] de fazer sociedade.[24] A obe-

---

22. *Segundo tratado do governo civil e outros escritos*, trad. Magda Lopes e Marisa Lobo da Costa. Petrópolis: Vozes, 2001, pp. 144-45.
23. H. Arendt, "A desobediência civil", op. cit., 1973, p. 77.
24. Hannah Arendt fala assim de dois consentimentos: "O consentimento tácito geral [...] deve ser cuidadosamente diferenciado do consentimento a

diência aos dirigentes em exercício é circunspecta e sempre provisória. O cidadão é um intermitente da obediência política. Ele delega, mas pode sempre reassumir o controle.

Os movimentos de desobediência civil – entendo aí movimentos *coletivos* de contestação, não protestos isolados –[25] podem ser lidos como momentos de reativação do contrato social, expressões da democracia transcendental.[26] A desobediência civil apoia-se na constituição de um coletivo que exprime a recusa de ser "governado *assim*".[27] Longe das tomadas de posição individuais expressas por cédulas de voto ajuizadamente introduzidos na urna – e que, como querem nos fazer acreditar, resumem a democracia –, trata-se de voltar à essência viva do contrato: nós fazemos corpo, fazemos sociedade desobedecendo coletivamente, levando um projeto alternativo de viver-junto, fazendo vibrar uma promessa social: a urdidura de pluralidades, e não a construção de uma unidade de todos ao preço da renúncia de cada um.

No fundo, o "contrato social", esse grande mito político, essa narrativa das origens tem dois modos de existência opostos, irredutíveis. Pode existir como princípio de legitimidade abstrato, referência constrangedora: "em nome" do pacto republicano, do contrato securitário, você não está autorizado a desobedecer. Desse modo, o contrato, pura ficção reguladora,

---

leis específicas ou políticas específicas, com as quais não se identifica mesmo que sejam resultado de decisões majoritárias" (ibid., p. 79).
25. Para uma caracterização da desobediência civil, ver adiante o capítulo 9, "A caminhada de Thoreau".
26. Esta é, no fundo, a posição de Arendt e, também, de Habermas ("Em Habermas, longe de romper um contrato social, o gesto de desobediência civil o reafirma", Estelle Ferrarese, "Le Conflit politique selon Habermas", *Multitudes*, v. 41, n. 2, 2010, pp. 196-202).
27. Michel Foucault, *Qu'est-ce que la critique?*, org. H.-P. Fruchaud e D. Lorenzini. Paris: Vrin, 2015, p. 37.

faz-se sentir e conhecer por seus efeitos de realidade: a censura, a proibição, a prisão.

Mas o contrato existe também no fragor desses atos de desobediência concertada, em nome de uma sociedade mais justa e mais igualitária, em nome de um mundo fraternal, respeitoso. A desobediência civil manifesta a democracia transcendental. Reatualiza o que nunca existiu e faz surgir como sua sombra projetada esse momento de origem em que um coletivo decide sobre seu destino, em que se decide para a humanidade o sentido nobre do político.

O problema de saber se é legítimo ou não desobedecer na democracia é falacioso a partir do momento em que colocamos a questão numa perspectiva processual: "Até que ponto decisões públicas cuja elaboração seguiu um procedimento normal podem ser questionadas por uma minoria influente, uma franja hiperativa, ao passo que a estrutura democrática exige que decretos majoritariamente adotados sejam respeitados por todos, já que o voto os torna imediatamente a expressão do interesse geral, do bem comum?". Mas isso seria reduzir a democracia a um sistema rígido de distribuição dos poderes, um conjunto de procedimentos padronizados que permitem rotular regimes ou leis, como uma marca registrada. A democracia não é tanto um regime político entre outros quanto um processo crítico que perpassa a todos e os obriga precisamente a serem "mais democráticos". É uma exigência de liberdade, de igualdade, de solidariedade. Essa exigência, que faz desobedecer, é a "democracia crítica"

9. A CAMINHADA DE THOREAU

É a história de uma caminhada. Henry David Thoreau decide, na manhã de 23 de julho de 1846, ir a Concord buscar os calçados que havia deixado num sapateiro para trocar a sola. Essas escapadas à cidade não lhe são desagradáveis. Já faz quase dois anos que decidiu apostar numa vida em perfeita autarquia, fazer a experiência de uma "existência natural". Construiu sua cabana sozinho, com materiais de recuperação na beira do lago Walden, num terreno que pertencia a seu amigo Emerson – escritor reconhecido, grande representante da filosofia transcendentalista americana.

E passa os dias lendo, escrevendo, realizando as pequenas tarefas que lhe permitem alimentar-se e aquecer-se e, sobretudo, efetuando intermináveis caminhadas durante as quais se abastece, conforme escreve em seu ensaio de 1861, *Caminhada*,[1] de aromas, imagens e presença. Sem salário, sem ocupação, independente, autárquico.

Henry David Thoreau nasceu e morreu em Concord (1817--1862), Massachusetts. Primeiro paradoxo: aquele que é conhecido como o arauto do nomadismo, o apologista da errância, o poeta das derivas indefinidas, das caminhadas frenéticas e inebriadas, praticamente nunca saiu de sua cidade natal.

Sua decisão de se instalar numa cabana construída com as próprias mãos – longe da sociedade, perto das energias do mundo, contando para viver apenas com seu trabalho manual, abrindo mão, portanto, da companhia dos homens e do caos das cidades, optando pela "solidão" e pela "pobreza" –[2] adquiriu na

---

[1]. Ver sobre esse texto o capítulo "La Conquête du sauvage", in Frédéric Gros, *Marcher, une philosophie*. Paris: Flammarion, 2011.

[2]. Noções relativas, pois Thoreau faz a experiência, em sua vida selvagem, da riqueza inesgotável das formas, das cores e da multiplicidade das presenças naturais que formam uma companhia única.

história do pensamento a dimensão de um gesto filosófico: a iniciação à verdadeira vida.³

Thoreau escreve no momento em que o capitalismo industrial nos Estados Unidos se projeta em toda a sua potência. Sua vida e sua obra representam a tentação do selvagem, a crítica da técnica, a denúncia das alienações (econômicas, sociais, culturais) e o apelo a voltar à vida imediata, o que Rimbaud chamava de "vigor". Ele se tornou para nós o ícone da ruptura, o símbolo da subversão. Não surpreende que no filme *Sociedade dos poetas mortos*⁴ o professor inconformista (John Keating) cita regularmente a seus alunos fragmentos de *Walden ou A vida nos bosques* – por exemplo: "Eu queria viver intensamente e sugar a essência da vida. E não, ao morrer, descobrir que não vivi". Não admira que Christopher McCandless – esse brilhante estudante, com um futuro profissional promissor, que, uma vez com o diploma em mãos, decide queimar seu destino, abandonar tudo e partir sozinho pela estrada para sentir a emoção de uma liberdade reconquistada (o filme *Into the wild* é baseado em sua história) –⁵ tenha sido um leitor assíduo de Thoreau, copiando em seus cadernos a frase: "Na Vida Selvagem está a preservação do mundo".

Para seus contemporâneos, Thoreau era tido, antes de tudo, como um excêntrico, um original. Voltando a essa manhã de julho de 1846, no centro da cidade, antes de pegar os sapatos, Thoreau é interpelado pelo filho do estalajadeiro, responsável pela coleta de impostos, que lhe lembra que ele deve ao Estado, há muitos anos, a taxa de capitação. Thoreau simplesmente se

---

3. Ver sobre esse conceito no fim do capítulo 6, "Do conformismo à transgressão", a respeito dos cínicos.
4. Direção de Peter Weir, 1989.
5. Direção de Sean Penn, 2007, veiculado no Brasil sob o título *Na natureza selvagem*. [N.T.]

recusa a pagar, alegando sua indignação por, ao liquidar seus impostos, ser obrigado a sustentar a guerra, considerada por ele injusta, declarada ao México depois da anexação do Texas, sem falar do escândalo absoluto que, para ele, representava a escravidão nos estados do sul.

O agente fiscal se vê, pela lei e por suas funções, forçado a conduzir Thoreau à prisão. Ele ficará lá não mais que uma noite, ao lado de outro detento suspeito de ter incendiado um celeiro. Já no dia seguinte, um parente (sua mãe, sua tia?) se precipita para pagar os impostos atrasados (e mesmo provavelmente alguns anos antecipados), assustado pelo escândalo. Thoreau é convidado, o que faz quase de má vontade, a sair de sua cela. Recupera seus sapatos e sobe as colinas para procurar mirtilos. Reza a lenda que durante essa breve estada atrás das grades ele recebeu a visita de seu mestre Emerson, que teria perguntado: "Mas o que está fazendo aqui?". Ao que Thoreau teria respondido: "Eu é que deveria fazer essa pergunta: como é possível que você não esteja sentado aqui ao meu lado?".

A anedota é fraca, e a experiência aparentemente tranquila parece, no final das contas, pouco heroica: sem maltratos, uma noite ouvindo os ruídos da cidade, um companheiro de cela pacífico.

Dessa noite passada na prisão, Thoreau tirará a matéria de uma conferência que pronunciará dois anos depois, intitulada "Resistência civil ao governo" (1848). É só no momento de sua publicação na edição das *Obras completas* (1866), depois da morte de seu autor, portanto, que o texto recebe como título "Da desobediência civil". Paradoxo, portanto, quando se sabe que esse ocorrido é regularmente citado como o momento de origem da desobediência civil. A história, de um lado, não tem nada de glorioso nem de dramático: uma simples noite passada em completa civilidade entre quatro paredes caiadas, por causa de seis dólares que serão pagos no dia seguinte por outra pessoa; de outro lado, quando a evoca, Thoreau nunca emprega a expressão "desobediência civil". Esse vínculo que é sempre estabelecido seria então impostura, um mal-entendido, exagero? Paralelamente, autoridades intelectuais (Hannah Arendt, John Rawls)[6] afirmam que o gesto de Thoreau é uma questão apenas de objeção de consciência.

Se retomarmos o que foi delimitado pelos teóricos políticos como "desobediência civil" e cruzarmos as análises, chegaremos mais ou menos à seguinte especificação: a desobediência civil designa o movimento estruturado de um grupo, e não uma contestação pessoal. Supõe a organização de um coletivo estruturado por regras determinadas de resistência, um credo comum, ordenado para um objetivo político preciso: em geral, a revogação de uma lei ou de um decreto considerados escandalosos, injustos, intoleráveis. Em contrapartida, falar-se-á de dissidência ou de objeção de consciência quando um indivíduo isolado (por exemplo, o "lançador de alertas") assume o risco de denunciar as falhas de uma instituição, a ignomínia de um sistema. A desobediência civil supõe, ao contrário, um "desobedecer juntos" que faz o coração do contrato social bater, dá corpo, por ocasião de uma contestação comum, ao projeto de "fazer-sociedade", para além das instituições que se empenham, sobretudo, em perpetuar a si mesmas e a perenizar o conforto de uma elite. A contestação comum projeta a sombra do pacto originário numa dimensão de futuro: viver juntos, mas sobre novas bases, não se deixar governar assim, não aceitar o inaceitável, reinventar o futuro. O que embasa o viver-juntos é um projeto comum de futuro.

---

6. Em *Uma teoria da justiça* [1971], trad. Jussara Simões. São Paulo: Martins Fontes, 2016.

Os teóricos insistem também na dimensão evidentemente pública da desobediência civil. Não se trata, sobretudo, de conspirar contra o Estado no âmbito de organizações secretas, nem de formar grupos de oposição clandestina para dinamitar, derrubar o governo em exercício, substituí-lo por outros dirigentes, nem de fazer avançar secretamente uma opção política contra outra. A desobediência civil faz da publicidade a mola propulsora de sua ação: denuncia-se a injustiça, demonstra-se a todos a iniquidade de uma lei expondo ruidosamente sua desobediência. As ações de desobediência civil dirigem-se à opinião pública e, em sentido mais amplo, até mesmo à consciência de todos, ao sentimento universal de justiça. Garante-se às ações a publicidade máxima para que a indignação se torne contagiosa, para que o escândalo seja compartilhado. Os atos de desobediência civil – lembremo-nos da marcha do sal de Gandhi –[7] se constroem como gigantescas operações de comunicação. A transgressão é realizada de maneira espalhafatosa e pública, e aquele que desobedece aceita previamente a sanção. Prepara-se para ela, chega a antecipá-la, a autenticidade de seu engajamento é posta à prova. A detenção, no caso da desobediência civil, não significa um momento de interrupção na luta, mas uma intensificação superior. Pode-se acrescentar ainda outros critérios: a recusa da violência, a referência a princípios superiores, o respeito à própria forma da legalidade.

Voltemos ao texto de Thoreau. Ele cruza só parcialmente essas determinações desenvolvidas por Hannah Arendt, John Rawls, Jürgen Habermas e Ronald Dworkin,[8] antes de tudo por-

[7]. Ver sobre essa marcha nosso capítulo "Mystique et politique", in *Marcher, une philosophie*, op. cit., 2011.
[8]. Ronald Dworkin, *Levando os direitos a sério*, trad. Nelson Boeira. São Paulo: WMF Martins Fontes, 2010.

que é um "ensaio": procedimento inventivo, convite para transformar a si mesmo e aos outros. Esse texto é, antes de tudo, um gesto. Não se apoia no comentário nem instrui a crítica de textos que o precedem no tempo para construir, por diferença, outros conceitos e propor outras definições. É o testemunho de uma experiência. Não se originou de leituras e não é destinado a entrar no espaço acolhedor de uma biblioteca para ali ressoar indefinidamente com outros livros, passados ou futuros. Ao contrário, incita a sairmos dos livros para nos transformar, agir, viver – é preciso passar, dizia Thoreau, ao menos tanto tempo a ler ou escrever quanto a caminhar. Esse texto é literalmente uma *intervenção*: ele intervém em nossas ideias e em nossas vidas para deslocar nossas linhas de força, transformar nossos horizontes.

É isso que faz que Thoreau seja mais que um autor de livros: ele é um ícone, encarna uma atitude, representa uma proposta de existência. Como os cínicos antigos, dele conhecemos gestos, frases curtas que nos repetimos uns aos outros. *Pharmaka*, diziam os gregos: enunciados de apoio que ajudam a viver, frases destinadas a intensificar nossa presença no mundo e nos outros. Exemplos: "Matando o tempo, ferimos a eternidade"; "É inútil sentar para escrever quando nunca nos levantamos para viver"; e, em seus últimos dias, o que ele teria respondido ao pastor que o persuadia a encarar o outro mundo: "Por favor, um só mundo de cada vez".

Thoreau restabelece a ideia de que a filosofia, antes de ser uma disciplina de saber, um conjunto de conhecimentos, é uma arte de viver.[9] Se a filosofia não passasse de um conjunto de proposições teóricas, um sistema de verdades, teses para discussão,

---

9. Pierre Hadot insistiu nessa relação, por exemplo, em *Qu'est-ce que la philosophie antique?*. Paris: Gallimard, 1995 [*O que é a filosofia antiga?*, trad. Dion Davi Macedo. São Paulo: Loyola, 2004].

"filosofar" seria essencialmente ler livros, comentar, criticar e escrever. A filosofia seria um *corpus*. Thoreau ("hoje só vejo professores de filosofia, mas nenhum filósofo") lembra que o verdadeiro sábio *presentifica* a filosofia com sua vida, suas ações. Ele a resume em sentenças curtas que não são conclusões de demonstrações, mas provocações, apelos a viver de outra forma.

A obrigação de desobedecer está ligada às exigências da "verdadeira vida". Para Thoreau, é inútil multiplicar os discursos críticos e as contestações teóricas se for para, no final, obedecer passivamente e tudo ratificar. Ele não aceita desfazer a conexão, como fazia Kant em seu artigo sobre o Iluminismo, entre reflexão crítica e obediência.[10] Para que multiplicar as declarações intempestivas se, no final, for para agir como autômato, cumprir passivamente as leis, fazer como todos os outros? Não há crítica autêntica a não ser como desobediência prática. Onde Kant afirma que a verdadeira desobediência é a crítica (teórica), Thoreau responde que a verdadeira crítica é a desobediência (prática).

Thoreau constrói primeiro, com insistência, uma oposição principal entre, de um lado, o Estado, suas leis, seus aparelhos, seus representantes, todos considerados os elementos de uma "máquina" anônima, labiríntica, inerte, uma "ferramenta" que se agita e se move animada por lobistas, carreiristas, ambiciosos; e, do outro, indivíduos, cada um habitado por sua consciência e suas experiências. A República, o Estado, o Soberano não têm nada de místico, nada de sagrado, nada de vertical. O governo é um mal necessário do qual só se deve esperar que governe o mínimo possível. Desde o início do texto, Thoreau desfaz qualquer vínculo entre moral e política. Não se deseja a inscrição na política de valores (justiça, igualdade etc.), não se faz o catálogo das virtudes morais

10. Ver adiante o capítulo 10, "Dissidência cívica".

do chefe. A moral encontra seu refúgio, seu alicerce na consciência, ao passo que a política não é nada mais do que o modo de funcionamento de um aparelho enorme e frio. O aparelho estatal é uma máquina complicada, infelizmente necessária, mas à qual cada um deve constantemente opor sua "fricção", seu "atrito": "Faça da sua vida um contra-atrito para deter a máquina". Quando é muito bem lubrificada, a mecânica se torna perigosa, pois transforma os indivíduos em simples peças da engrenagem.

O indivíduo é que é sagrado; o indivíduo como capacidade de ação, espírito de iniciativa, inventividade, qualidades que deparam com entraves absurdos, normas abusivas, exigências pesadas da máquina estatal. Mas, sobretudo, é no indivíduo que se faz ouvir a voz moral, o apelo da justiça.

A afirmação de um primado, de uma soberania da consciência, abre para uma redefinição das prioridades. A prioridade não é a obediência às leis, a conformidade com as regras, mas a preservação, a salvaguarda de nossos próprios princípios. Cada um, porquanto existe realmente, deve deixar-se guiar por sua consciência em vez de obedecer cegamente às leis em completa passividade. Thoreau dá a esse dever a cor da intransigência. A desobediência nem sequer é um direito racionalmente deduzido. A desobediência é um dever de integridade espiritual. Quando o Estado toma decisões iníquas, quando empreende políticas injustas, o indivíduo não pode se limitar a resmungar antes de ir dormir. O indivíduo não está simplesmente "autorizado" a desobedecer, como se se tratasse de um direito do qual ele poderia fazer uso ou não em nome de sua consciência. Não, ele tem o dever de desobedecer, para permanecer fiel a si mesmo, para não instaurar entre ele e si mesmo um lamentável divórcio.

Mas se dirá: "Veja bem, estamos numa democracia, como construir um viver-junto coerente e ordenado se cada um for juiz em última instância da legitimidade de leis votadas segundo procedimentos regulados, isto é: pela maioria dos representantes?". No mesmo sentido, releremos o artigo 7 da *Declaração dos direitos do homem e do cidadão*: "Qualquer cidadão convocado ou detido em virtude da Lei deve obedecer imediatamente, caso contrário torna-se culpado de resistência".

Ao que Thoreau responde que a única maioria que conta é a da sinceridade moral, diante da qual as maiorias numéricas, estatutárias, não valem nada: a maioria no sentido contável só designa os mais numerosos. Submeter-se a ela é aceitar a lei do mais forte. O que deve preponderar é uma superioridade ética, e não uma lei aritmética. Desprezo, portanto, pelos procedimentos democráticos, considerados incapazes de produzir o bem, o justo, o verdadeiro. Desprezo também pelas consequências. Já os ouço dizer: "Mas, se cada um começar a seguir sua própria concepção da justiça em vez das leis comuns, logo será a anarquia". Thoreau responderia, para começar: isso não tem importância nenhuma, pois o que deve ser preservado como prioridade é a consciência, e não o mundo. Mas tampouco é aí que está o problema, e Thoreau lembraria que, na história, em nome da salvação do mundo, as consciências "responsáveis" têm sido forçadas a todos os comprometimentos.

Sobretudo, o que o texto chama de "alma" ou "consciência" não é o indivíduo isolado oposto a um coletivo instituído que estaria, por sua vez, conectado ao universal. A oposição não está entre um indivíduo prisioneiro de seus cálculos pessoais e a utilidade pública propagada por uma autoridade soberana. Está, para Thoreau, entre um governo que se serve dos aparelhos estatais para defender os interesses de uma elite, exigindo dos sujeitos uma obediência passiva e uma individualidade que, na solidão de sua consciência, acede ao sentido da justiça universal sem se deixar fascinar pela opinião majoritária e covarde, sem se deixar levar pela corrente da doxa passiva – ou antes: indefinidamente dúctil e maleável. Mas, finalmente, o que está em questão no texto é, sobretudo, a salvação isolada de nossa consciência, e jamais um apelo à abolição de leis injustas por meio de ações concertadas, coletivas, pacíficas. Devemos então pensar que Tolstói, Gandhi e Martin Luther King leram mal, compreenderam mal quando falam do choque, do encontro que essa leitura representou para eles?[11] É que encontraram nela aquilo que sistematicamente escapa aos teóricos da desobediência civil, em busca de uma definição estável, em busca de critérios de diferenciação: o princípio de uma conversão espiritual. A desobediência em Thoreau se enraíza em um trabalho ético sobre si, uma exigência interior testemunhada por suas longas caminhadas que equivalem às orações em Martin Luther King e à fiação de algodão para Gandhi. Essa transformação, essa ascese é o transcendental ético da desobediência civil. Só desobedecemos autenticamente ao outro, aos outros, ao mundo como ele está e finalmente a nós mesmos como hábito, a partir dessa conversão. E é dentro e por meio desse movimento de volta a si mesmo que nos descobrimos insubstituíveis.

Thoreau se recusa a pagar seus impostos em nome de uma certa concepção da justiça, do papel do Estado, de seus deveres. Tudo isso lhe é ditado por sua "consciência", imperiosamente comandado por uma "voz", essa voz que é a *sua*, límpida, não encoberta pelo clamor do conformismo: "Obedeça e cale-se. Faça como os outros. Escute e aceite as justificativas oficiais, não se

---

11. Ver, para esses três autores e sua descoberta do texto de Thoreau, Christian Mellon, "Émergence de la question de la désobéissance civile", in *La Désobéissance civile: Approches politique et juridique*. Villeneuve d'Ascq: Presses Universitaires du Septentrion, 2008, pp. 37-41.

dê o trabalho de partir de si mesmo para pensar a justiça das coisas". Mas e se eu, se *eu*, não concordar? Em seu *Diário*, Thoreau escreve: "Se eu não for eu, quem o será em meu lugar?". Com isso, ele dá a fórmula exata desse *indelegável* que está no princípio do sujeito responsável e desobediente. Obviamente, há o *cogito* cartesiano, o *ego* transcendental kantiano, todos esses núcleos de universal, esses suportes abstratos de conhecimentos verdadeiros. Ao que o existencialismo retorquiu: esses sujeitos-fundamentos, essas unidades espirituais, essas entidades teóricas não dizem nada além do esforço de fundação das ciências. O verdadeiro sujeito é o indivíduo com sua história pessoal, seu percurso singular, o sujeito como aventura única. Ora, a desobediência política ultrapassa o romantismo da unicidade, o lirismo da singularidade. Volto, ecoando a frase de Thoreau, à ideia de indelegável. Ninguém, escreve Thoreau, pode ser eu "em meu lugar". Desobedecemos com base nessa prerrogativa. Ninguém pode pensar em meu lugar, e ninguém pode decidir em meu lugar sobre o que é justo e injusto. E ninguém pode desobedecer em meu lugar. É preciso desobedecer a partir desse ponto em que nos descobrimos insubstituíveis, no sentido preciso de fazer essa experiência do indelegável, fazer a experiência que "cabe a mim fazer" (*mea res agitur*),[12] que não posso transferir a mais ninguém a tarefa de ter de pensar o verdadeiro, de decidir sobre o justo, de desobedecer ao que me parece intolerável.

Esse sujeito indelegável nunca é ameaçado pelo individualismo, pelo relativismo, pelo subjetivismo. Porque esse ponto de indelegável em mim é precisamente o princípio de humanida-

---

12. Ver em *Le Sérieux de l'intention* (Paris: Flammarion, 1983), de Vladimir Jankélévitch, o capítulo "Qu'il faut le faire séance tenante (tout-de-suite ou jamais)" (VI, v).

de, a exigência de um universal. Porque nós nos descobrimos insubstituíveis antes e essencialmente para nos pôr a serviço dos outros. Estamos muito longe do ensimesmamento satisfeito, do narcisismo consumidor de plenitude egótica, da "salvação" no próprio quintal, no jardim secreto. Sentir em si o eu indelegável não é se sentir convocado a "ser si mesmo" para além das uniformidades sociais, não é poder suportar por mais tempo o intolerável. Descobrir em si o eu indelegável é se sentir chamado a agir para os outros, a fazer existir essa justiça cuja urgência sentimos. O contrário político do conformismo não é o Eu único, singular, que requer, enfim, ser ele próprio, é o si indelegável que exige a dignidade universal.

É o que compreenderam (lendo o texto de Thoreau) Gandhi e Martin Luther King. A verdadeira diferença não está entre a desobediência coletiva (desobediência civil) e a insubordinação individual (objeção de consciência), mas entre uma desobediência passiva que faz com que apenas mudemos de senhor e uma desobediência ativa que toma como ponto de referência a reforma interior, a exigência crítica. Descobrir-se insubstituível quando se trata de servir os outros, defender o sentido da justiça e a dignidade dos excluídos, fazer a experiência do indelegável é entrar em dissidência cívica. E a dissidência cívica é essa postura ética, em cada um, a partir da qual a desobediência civil, como composição das potências, autentica-se e desencoraja antecipadamente qualquer recuperação politiqueira. Somos insubstituíveis antes de tudo para os outros, mas é preciso entender o sentido desse "para". A ideia não é que nossos amigos nos amam em nossa singularidade única, de tal maneira que nunca poderemos ser substituídos em seu coração etc., mas que colocamos no princípio de nossa desobediência a experiência vivida de sermos insubstituíveis para os outros e diante de nós mesmos. É sermos assaltados pela impossibilidade de nos furtar à tarefa e de delegá-la a um outro imaginário e pelo sentimento de urgência de repelir nossa inércia, de nos descobrir solidários e finalmente de nos *sublevar*.[13]

"Se eu não for eu, quem o será no meu lugar?", escrevia Thoreau. É preciso completar: ser si mesmo, mas para os outros; responder a esse apelo, mas imediatamente. Há muitos séculos, Hilel, o Ancião, havia fornecido a expressão completa: "Se eu não for por mim, quem o será? Se eu for só por mim, quem serei eu? E se não agora, quando?".[14]

---

13. Sobre a "sublevação", ver o artigo de M. Foucault "Inutile de se soulever?", publicado em *Le Monde*, 11-12 maio 1979 (republicado em *Dits et écrits*, texto n. 269) ["É inútil revoltar-se?", in *Ditos e escritos*, v. 5. Rio de Janeiro: Forense Universitária, 2000].
14. *Pirkei Avot*, I, 14.

10.
DISSIDÊNCIA
CÍVICA

Em dezembro de 1784, Kant publica numa revista alemã, a *Berlinesche Monatsschrift*, um artigo para responder à pergunta: o que é o Esclarecimento?[1]

Mendelssohn já tinha se aventurado a responder à mesma interrogação na mesma revista algumas semanas antes. A resposta de Kant é breve, mordaz, definitiva: o Iluminismo não é uma época a ser circunscrita, uma corrente ideológica a ser definida, mas uma exigência ética no cerne do sujeito crítico.

Uma palavra simples serve para caracterizar a *atitude* do Iluminismo: maioria. O Iluminismo é a atitude de maioria. O termo é empregado numa significação puramente ética. Não se trata nem da maioria jurídica, estatutária, nem da maioria numérica, denunciada por Thoreau. A maioria, diz Kant, é uma capacidade: capacidade de emancipação, de independência, de autonomia. Capacidade de dissensão. Ser maioria – lanço mão das três ilustrações do texto – é, por exemplo, poder pensar sem ter necessidade de recitar um livro; ser capaz de fazer escolhas de vida sem a tutela de um diretor de consciência; dar-se regras de saúde e de boa existência sem seguir cegamente as prescrições de um médico. A minoria, ao contrário, é deixar que um outro nos imponha seus pensamentos, seus atos e sua conduta. O Iluminismo ou Esclarecimento (*Aufklärung*, em alemão) designa o movimento pelo qual se passa a tensão, o esforço de arranque, da minoria para a maioria. O Iluminismo é um processo, um esforço.

Mas como em Kant se concebe essa *passagem*? Aí está talvez o ponto notável do texto – ao qual Foucault foi sensível quando fez sua leitura em seu primeiro curso no Collège de France,

---

1. In Immanuel Kant, "Resposta à pergunta: o que é Esclarecimento?", in Marco Antonio Casanova (org.), *O que é Esclarecimento?*, trad. Paulo César Ferreira. Rio de Janeiro: Via Verita, 2010.

em 1983.[2] Para determinar o melhor modo de sair da minoria, é preciso identificar o que nos mantém nela. Aqui, Kant, fiel à inspiração ética de sua definição do Iluminismo, não denuncia nenhuma exigência despótica, nenhuma trava política que imporia um pensamento único ou comportamentos obrigatórios. Nem mesmo concebe um movimento de saída "natural", como se a humanidade se tornasse adulta pelo lento impulso de um progresso inelutável – simplesmente crescendo. Rapidamente no texto, Kant torna cada um "responsável" por sua minoria: por "preguiça" e por "covardia", escreve ele. A maioria, foi dito, é pensar por si mesmo, exercer seu próprio juízo, permanecer numa vigilância crítica. Compreendemos logo: é muito mais confortável deixar que um outro dite nossa conduta, muito mais suave deixar que autores nos soprem as frases feitas que precisamos dizer. Pois, evidentemente, não somos responsáveis por essas coisas. Não temos de carregar seu peso, seu fardo. Mais uma vez e até o fim: terror-pânico da liberdade, delícias soberanas da desresponsabilidade.

Para pensar verdadeiro, para pensar bem, será que é mesmo tão necessário ter rigor, método, inteligência ou profundidade? Não, diz Kant, é preciso antes e, sobretudo, ter *coragem*. É a fórmula, a máxima do Iluminismo: *Sapere aude*, "ouse saber"! Saber requer audácia.

Os comentadores alegaram que, depois desse fogo de artifício inicial, dessa incitação generalizada à crítica, dessa exigência de um questionamento dos saberes instituídos, das opiniões ou das evidências recebidas, Kant imprime severas restrições a esse apelo à emancipação.

---

2. Esse comentário encontra-se em suas primeiras aulas do curso no Collège de France em 1983, *Le Gouvernement de soi et des autres*, F. Gros (org.). Paris: Gallimard, 2008 [*O governo de si e dos outros*, trad. Eduardo Brandão. São Paulo: WMF Martins Fontes, 2010].

O primeiro momento, no entanto, é o de uma reivindicação: recusa de uma obediência imbecil. A obediência não deve ser acompanhada de uma ausência de raciocínio, ao passo que *a palavra de ordem* – pronunciada, para usar os exemplos do texto, pelo funcionário do fisco, pelo oficial e pelo padre (a Administração, o Exército, a Igreja: os três grandes núcleos da obediência cega no Ocidente) – é sempre: obedeça sem refletir. Portanto, o Iluminismo é, antes de mais nada, essa recusa de uma obediência irrefletida. Kant tampouco diz: raciocine, e logo saberá desobedecer. Ele propõe a manutenção da obediência, mas acompanhada de uma vigilância crítica.[3] As condições desse acompanhamento são definidas pela distinção entre o uso privado e o uso público da razão. O uso privado é o uso que fazemos de nossa razão quando nos encontramos no interior de uma instituição, de uma administração, de um corpo no qual cada um põe sua razão, sua capacidade de pensar a serviço de outra coisa. A distinção não é entre espaço público e espaço privado. Para Kant, como professor diante de uma sala de aula, como padre diante de uma assembleia de fiéis, como funcionário no contexto do meu trabalho, faço um uso *privado* de minha razão. O uso público é quando expresso dúvidas, quando manifesto reservas, quando articulo críticas, dirigindo-me, por exemplo, ao círculo restrito de uma assembleia erudita ou escrevendo numa revista. Isto é, no momento em que tomo a palavra não invocando uma competência, um estatuto, mas como cidadão, consciência universal. Nesse nível, escreve Kant, nenhuma censura poderia valer, e a liberdade deve ser total.

Dupla restrição, portanto: desconexão primeiro entre crítica teórica e desobediência prática; em seguida, delimitação da

---

3. "Raciocine o quanto quiser e sobre o que quiser, mas obedeça!" (I. Kant, op. cit., 2010, p. 54).

expressão crítica a canais restritos. Depois, numa pirueta um tanto cruel, Kant se dirige ironicamente ao déspota, como para incitá-lo perversamente à indulgência: deixe que eles pensem e até ponham por escrito sua indignação. Eles obedecerão melhor se você deixá-los raciocinar livremente (puerilmente?) em seus pequenos círculos de intelectuais.[4]

Mas volto ao estrondo do começo do texto: esse princípio de coragem. De que coragem se trata aqui? Não a "de ser você mesmo", como se fala nos programas de desenvolvimento pessoal ou de incitação à realização interior, à conquista da própria singularidade. Tudo isso, ao que parece, exige coragem, audácia: para se desfazer das identidades impostas, quebrar os moldes arraigados, os estereótipos rijos. Quero falar de outra coragem, em cujo caminho Thoreau já nos conduziu: a de suscitar, de fazer despertar o eu indelegável; não, mais uma vez, o eu que se opõe ao "Você", ao "Nós" porque ele seria o "Eu" singular e único, tão excepcional, mas o que se opõe ao "A Gente". Portanto, recusar ser uma simples dobra, uma ondulação do mar dóxico, e opor à covardia o eu insubstituível, isto é, aquele que, sentin-

---

4. O que Foucault traduz assim: "Quanto mais liberdade para o pensamento vocês deixarem, mais vocês terão certeza de que o espírito do povo será formado para a obediência" (*O governo de si e dos outros*, op. cit., 2010, p. 37). É preciso ver que esse corte entre atitude crítica e desobediência prática, para Foucault, deve ser absolutamente denunciado. Ele escreve assim num texto lido por ocasião da coletiva de imprensa para anunciar a criação do Comitê Internacional contra a Pirataria: "É preciso recusar a divisão de tarefas que, muito frequentemente, propõe-nos: aos indivíduos, indignar-se e falar; aos governos, refletir e agir. É verdade: os bons governos gostam da santa indignação dos governados, por mais que permaneça lírica. Creio que é preciso dar-se conta de que, muito frequentemente, são os governos que falam, só podem e só querem falar. A experiência mostra que se pode e se deve recusar o papel teatral da pura e simples indignação que nos propõem" ("Face aux gouvernements, les droits de l'homme", in *Dits et écrits*. Paris: Gallimard, 1994, tomo IV, texto n. 355, p. 708 ["Os direitos do homem em face dos governos", in *Repensar a política*, trad. Manoel Barros da Motta. Rio de Janeiro: Forense Universitária, 2010, p. 370]).

do-se chamado, responde presente, porque faz a experiência da urgência e, portanto, da impossibilidade de se subtrair, nem que diferindo, delegando, temporizando, eximindo-se, porque sabe que cabe a ele responder. Esse eu indelegável é o sujeito ético-político do universal – uma universalidade intempestiva, não a dos consensos covardes, a universalidade como ruptura, transgressão, exigência de humanidade, que decide sobre a verdade, essa verdade entendida como o que ninguém quer entender.

Coragem da verdade, coragem de pensar em seu próprio nome. Esse exercício do juízo é também o que Sócrates chama de "exame", ou seja, a forma primeira do cuidado que cada um deve ter de si mesmo. Pode-se seguir os elos dessa longa cadeia de equivalência ética: Iluminismo = maioria = coragem = juízo crítico = = exame = cuidado de si = pensamento. Não fazer nada, não decidir nada, não empreender nada sem suspendê-lo para um exame lúcido, para essa discussão interior que é o outro nome do pensamento.

É essa forma que Sócrates, na prisão, opõe a Críton, seu amigo de infância, que irrompe em sua cela para fazê-lo sair, soltá-lo. A cena é a seguinte: Sócrates, condenado à morte por Atenas, tem uma ocasião única de salvar sua pele. Um plano foi idealizado, tudo está pronto e pede-se que se apresse, que saia logo, pois o tempo é curto. Ao que Sócrates responde: Não, não precipitemos, primeiro examinemos.[5] "Não se precipitar", "examinar" (*skopein*, diz o grego),[6] pois não se deveria, na urgência, cometer faltas, erros. Não deveríamos, querendo salvar precipitadamente nosso corpo – esse saco de carne e de osso –, correr o risco de perder a alma. A filosofia é algo mais além desse remédio para prevenir as doenças provocadas por erros de juízo?

---

5. *Críton*, 46b-47a.
6. Ibid., 47a.

Esses males ferem a alma até o ponto de alterá-la, desnaturá--la, torná-la definitivamente viciada. Pode-se morrer de falsas ideias, adoecer de opiniões imbecis. O corpo sobrevive, a pele resiste, mas a alma é definitivamente deteriorada. Ora, a terapia é sempre a mesma: o exame. Pesar as razões, interrogar a si questionando o outro, interrogar o outro para questionar a si mesmo, cuidar de julgar bem. Sócrates, pesando os prós e os contras, argumentando, raciocinando, expondo as razões, acaba por concluir que é melhor ficar na prisão e esperar tranquilamente a morte. Se ele tivesse se precipitado para a porta aberta que Críton lhe oferecia, teria contraído uma doença mortal.[7]

Sócrates, injustamente acusado e iniquamente condenado, renuncia a fugir e embasa sua decisão fazendo o elogio das leis. Estaria Sócrates nos dizendo: "Respeitemos as leis com um respeito sem limites, sem exceção, pois as leis são sempre veneráveis"? Ou o quê? E essa famosa "provocação" socrática? No final, Sócrates seria morto professando uma obediência política passiva, resignada, piedosa, para todos e para sempre?[8]

Ou então seria preciso mostrar como, em Sócrates, essa aceitação da sanção é soberana, soberana porque inverte seu sentido, porque mostra uma maneira de desobedecer ainda mais decisiva que a fuga.[9] Há, sem dúvida, essa "prosopopeia das leis",

---

7. Aí se encontra a explicação do último pedido de Sócrates dirigido a Críton: oferecer um galo ao deus da medicina, Asclépio, como mostra Foucault, que, por sua vez, segue Dumézil (*Divertissement sur les dernières paroles de Socrate*), a respeito da última frase pronunciada no *Fédon* (M. Foucault, op. cit., 2009, pp. 87-100 [*A coragem da verdade*, pp. 83-101]).
8. É o que lamenta amargamente Howard Zinn (*Désobéissance civile et démocratie*, trad. Frédéric Cotton. Marseille: Agone, 2010, p. 190).
9. É a via seguida por H. Arendt ainda em seu texto de 1970 sobre "A desobediência civil" (op. cit.) ou por Maurice Merleau-Ponty em sua aula inaugural no Collège de France (*Éloge de la philosophie et autres essais*. Paris: Gallimard, 1989).

com uma representação um tanto solene de seu prestígio. Sócrates imagina: "Mas, se eu fugir, essas leis sob cuja proteção fui criado, cresci, pude viver tanto tempo, poderiam apresentar-se diante de mim, acusar-me de traição. Não seria iníquo, depois de ter passado minha vida respeitando a lei e estimulando os outros a fazê-lo, esquecer minhas antigas promessas e fugir porque hoje elas me condenam?".

Ao pé da letra, a argumentação é moralizadora, chega a irritar por seu tom sentencioso. É como se Sócrates perdesse qualquer carga transgressiva, esquecesse seu poder de provocação e nos pedisse amavelmente para seguir seu exemplo: vamos, obedeçam; mesmo que estejam pressionados por uma condenação injusta, não se revoltem! Se for preciso obedecer quando estamos condenados injustamente à morte, *a fortiori* obedeceremos ao resto.

Quero, porém, ir além dessa impressão primeira e, seguindo as proposições de Arendt ou de Merleau-Ponty,[10] ver o que permanece subversivo nessa recusa. De que se trata? Há essa ideia, já enunciada quando falávamos de desobediência civil: aceitar a sanção não é forçosamente legitimá-la, mas provocar seu escândalo. É nesse sentido que se instrui o processo do tribunal que condena você. E Merleau-Ponty conclui por ocasião de sua aula inaugural no Collège de France: teria sido muito mais confortável para todos nós que Sócrates tivesse aceitado fugir como um ladrão! O inquietante em sua escolha de continuar preso é que ele alega que até sua condenação é *ele quem a decide*. No cerne dessa aceitação, afirma-se uma força de pensamento, de responsabilidade. É ele quem escolhe obedecer, e faz cintilar, permanecendo sentado em sua prisão, uma

---

10. Ou também de Michel Alexandre, conforme sua excelente leitura do *Críton* em *Lecture de Platon* (Paris: Bordas, 1968).

potência: "Sócrates tem uma maneira de obedecer que é uma forma de resistir".[11]

Podemos imaginar que, no momento em que Críton abriu a porta da prisão, surgiu um "demônio": "Não, Sócrates, diz a pequena voz, não faz isso, não escapa como um vulgar delinquente". Fácil demais. No decorrer de seu processo, Sócrates dissera que essa pequena voz intermitente se fazia ouvir apenas para frear, reter: não podes, não podes, para.[12] Quando, por exemplo, os Trinta pediram a Sócrates que fosse buscar Leão Salamínio para condená-lo injustamente à morte, ele se abstém da tarefa e volta para casa, pois seu demônio lhe dissera: isso não, decididamente, não podes fazer.

O demônio socrático permite abordar o que eu chamo de "dissidência cívica". Entendo por isso uma desobediência que não é forçosamente sustentada pela consciência nítida de valores transcendentes, pela convicção, esclarecida por um sentido moral superior, de leis que dominam a humanidade e o tempo. O dissidente faz sobretudo a experiência de uma impossibilidade ética. Ele desobedece porque *já não pode continuar a obedecer*.

O objetor de consciência tem convicções. Sabe o que é justo e bom, sagrado e venerável. Tem a noção de seus valores e, ao risco de arruinar, de aniquilar a si mesmo ou ao mundo, reafirma-os quando, em seu caminho *já traçado*, surge o obstáculo de uma lei, de um decreto que exige dele que transgrida seus princípios. É então, em nome de uma obediência superior, que ele desobedece. E a única coisa que conta é a salvaguarda de suas convicções. Fundamentalmente, o objetor de consciência obe-

---

11. M. Merleau-Ponty, op. cit., 1989.
12. "É uma voz que se produz e, quando se produz, sempre me desvia do que vou fazer, nunca me incita", in *Platão*, "Defesa de Sócrates", trad. Jaime Bruna. São Paulo: Nova Cultural, 1987, p. 17, 31d.

dece: ele é aquele que pretende continuar a obedecer a seus princípios até o fim.

Quanto ao dissidente cívico, a partir de um estado de obediência, a partir de seus hábitos de submissão, faz a experiência súbita do intolerável e *se conscientiza*. Ele experimenta uma impossibilidade que o obriga à ruptura: não é possível continuar! O "não" da dissidência cívica é um não em dobro: impossível não fazer. O dissidente não pode mais continuar a *não dizer* e se calar, a fingir *não saber, não ver*. Essa dupla negação da dissidência não é dialética, não produz a afirmação como realização e síntese. Ela provoca ruptura, estrondo.

A dissidência cívica faz compreender que a obediência era uma sucessão indefinida de negações interiores. Imediatamente repetimos, com Alain, que obedecer é "dizer sim".[13] Obedecer é também, e sobretudo, dizendo "sim" ao outro, repetir sempre "não" a si mesmo: obedeço sem discutir pois, não, não quero problemas; obedeço cegamente pois, não, não quero ver, saber, interrogar – medo demais do que eu poderia descobrir; obedeço terrivelmente pois, não, não quero correr o risco da solidão: duro demais, complicado demais; obedeço automaticamente pois, não, não quero correr o risco de arruinar minha vida, minha carreira, meus hábitos. Obedecer é dizer não a si mesmo dizendo sim ao outro.

O dissidente cívico acaba por ceder diante do intolerável. Fala porque para ele tornou-se impossível calar-se. E não é que ele desobedece: antes, testemunha sua impossibilidade de continuar a obedecer. "Dissidência": é a dissonância de uma voz no concerto monocórdico desse conformismo que, repetimos, só expressa

---

13. *Propos sur les pouvoirs*, "L'Homme devant l'apparence", 19 jan. 1924, n. 139 [Alain: pseudônimo de Émile-Auguste Chartier. (N.T.)].

um universal de contrabando e de substituição. Dissidência "cívica": essa impossibilidade interior forma no sujeito uma dobra que é o vestígio da humanidade como valor, exigência, tensão. A dissidência cívica é o reflexo invertido do primeiro conceito de obediência. A submissão se definia pela impossibilidade de desobedecer. Era sua única razão de obedecer. Quanto ao dissidente, faz a prova da impossibilidade de continuar a obedecer.

II.
A OBRIGAÇÃO ÉTICA

O que é que, no fundo e a tal ponto, torna a desobediência tão difícil? Quero falar de uma desobediência legítima e arriscada: recusar obtemperar às ordens de um superior incompetente, obedecer a leis injustas, resistir ao professor, ao padre, ao policial quando abusam de seu poder. Quero falar aqui de uma desobediência que custa, exige esforço, provoca o questionamento das hierarquias, mas também dos hábitos, do conforto, da imensa monotonia do mesmo.

Na realidade, cada vez que se trata de nosso interesse ou de nossos prazeres e que temos certeza da impunidade, a desobediência parece fácil, em todo caso, terrivelmente tentadora: é a fábula, em Platão, do anel de Giges.[1] Mas as infrações delituosas ou as dissimulações ardilosas não entram em linha de conta quando pergunto: o que é que faz que nos seja tão difícil contravir, recusar, transgredir, quando temos para nós, conosco, a justiça e a razão? Respeito pela autoridade? Medo das consequências? Fidelidade ao compromisso inicial? Pavor de ser isolado, estigmatizado, descoberto? Ou simples inércia passiva?

Eu gostaria de articular uma última forma de obediência que chamarei de "obrigação", estilização derradeira que constituiria o reverso da dissidência cívica. É em Aristóteles que encontro uma caracterização decisiva de tal noção:

> é bom saber igualmente mandar e obedecer, e um cidadão experimentado é aquele que é capaz de ambos os papéis. [...] há um outro tipo de comando que tem por súditos as pessoas livres e de mesma condição: é o que se chama o governo civil. Só se aprende começando por obedecer. Assim, pelo próprio serviço sob ordem do hiparca, se aprende a comandar a cavalaria; servindo sob o

---

1. Ver adiante o capítulo 13, "Pensar, desobedecer. Remetendo à *República*".

general e os demais oficiais da infantaria, aprende-se a comandar os diversos graus de militares. Existe até uma máxima quanto a isto, que diz que não é possível bem comandar se antes não se tiver obedecido. Ora, estes são dois gêneros diferentes de mérito, e é preciso que um bom cidadão adquira ambos, saiba obedecer e esteja em condições de comandar.[2]

O texto é conciso, sem dificuldade técnica, mas quase ofuscante em sua simplicidade e, sobretudo, é permeado de equivalências que, para nossa modernidade política, acabam sendo dissonantes. É, antes de mais nada, a afirmação da compatibilidade entre relação de comando e relação de igualdade. Aristóteles nos diz: É claro que em política há governantes e governados, mas não devemos nos deixar enganar pela oposição entre o ativo e o passivo. Em democracia, o governante e o governado não são absolutamente como o dominante e o dominado. Não estamos numa relação econômica, não se trata de uma relação de senhor e escravo – que supõe desigualdade, hierarquia, unilateralidade.[3] No interior de uma relação política, aquele que comanda comanda um semelhante, em pé de igualdade: ele se dirige a homens livres como ele.

O que Aristóteles afirma sobre a obediência política talvez tenha se tornado inaudível para nós, depois de séculos de Estado monárquico centralizado ou mesmo de democracia representativa estruturada pelo jogo dos partidos e pelas alternâncias vazias (esquerda/direita), alternâncias sem alternativa. Aristóteles sustenta que, na obediência "política", eu obedeço a um igual. Entre cidadãos livres e iguais, há um debate de ideias, confronto

---

2. Aristóteles, *A política*, trad. Roberto Leal Ferreira. São Paulo: Martins Fontes, 2006, pp. 50-51.
3. É o nosso capítulo inicial sobre a "submissão".

de pontos de vista, luta de prestígio, rivalidade sem dúvida. Um dos cidadãos se destaca progressivamente dos outros, animado por uma paixão superior do bem comum ou dotado de uma habilidade formidável ou, ainda, mais inventivo. Logo, os outros seguem sem deixar de discutir asperamente. Mas aqui "seguir" não é abdicar, renunciar, tornar-se passivo. Não se trata de dizer: "Somos todos iguais *em direito*, mas logo, *nos fatos*, uma minoria tomará as decisões enquanto os outros se submeterão". A igualdade grega não é um direito, uma estrutura jurídica, um *a priori* estatutário: é um regime de encontros, aqui chamado político. É o regime de encontros dos indivíduos livres. De resto, Aristóteles fala pouco de igualdade, mas essencialmente de liberdade: é o fato de ser livres que põe os cidadãos em pé de igualdade, não no sentido de uma uniformização, mas de uma capacidade, reconhecida por todos, de dar ordens, sem que isso instaure diferenças. Em política, há, sim, comando e obediência, mas comandamos nossos iguais, seres similarmente livres. E o comando não cria um desnivelamento aberto, não introduz uma hierarquia consistente.

A segunda surpresa é a referência à arte militar. Aristóteles diz: num exército, numa brigada, num batalhão, na cavalaria começamos obedecendo e é assim que aprendemos. E é aprendendo a obedecer que nos preparamos para nos tornar um chefe (chefe de cavalaria, de brigada, de batalhão). Obedecer bem é se preparar para comandar, e a obediência é sempre uma etapa no caminho do comando.

Obviamente, quando nós, modernos, lemos "é como no exército", compreendemos por reflexo: há aqueles que comandam e os que executam. Mas a frase de Aristóteles nos situa antes da revolução militar da era clássica, que, com a massificação dos exércitos e a introdução das armas de fogo, provoca a separação entre, de um lado, os generais, os oficiais – elaborando planos de batalha, levando em conta as especificidades do terreno e as potências de fogo adversárias, supervisionando o deslocamento dos exércitos, calculando os movimentos e os choques –, e, de outro, a massa dos soldados, dóceis, disciplinados, obedecendo cega e mecanicamente às ordens, reagindo como perfeitos autômatos ao som dos apitos e ao rufar dos tambores. Bem distante desse modelo, quando Aristóteles fala "é como no exército", é para dizer: a obediência é apenas o inverso do comando – o que se compreende considerando o prestígio (ainda intacto em sua época, ainda que não correspondesse mais de fato à realidade dos combates: as batalhas tinham se tornado sobretudo navais) do modelo hoplítico, aquele que em Maratona permitiu a vitória, contra os persas, de uma minoria de gregos em formação de falange.[4]

O hoplita sustenta com o braço esquerdo um escudo redondo (o *hóplon*) que lhe permite proteger, ao mesmo tempo, seu flanco esquerdo e o direito de seu vizinho, enquanto seu próprio lado oposto é coberto pelo escudo de seu vizinho da direita. Com a mão direita, ele segura uma lança e carrega também uma espada curta na cintura. O dispositivo supõe o alinhamento de hoplitas por várias fileiras em profundidade, de tal maneira que, se um homem cai, ele é imediatamente substituído pelo que se encontra atrás. A falange avançaria e ganharia velocidade mantendo até o fim sua coesão, para acuar o exército adversário. A força desse modelo está na constituição de um corpo unido e solidário. Cada um só se mantém aqui

---

4. Ver o artigo de Marcel Detienne, "La Falange: problèmes et controverses", in *Problèmes de la guerre en Grèce ancienne*, Jean-Pierre Vernant (org.). Paris-Haia: Mouton, 1968 ; e Victor Davis Hanson, *Le Modèle occidental de la guerre*, trad. Alain Billault. Paris: Les Belles Lettres, 1990.

por ser mantido pelo outro, cada um só está protegido à condição que proteja um outro. E o lugar natural dos generais é a primeira fila: eles dão o exemplo, insuflam coragem ao coletivo. A virtude principal do hoplita é a constância, a capacidade de "manter seu posto" – qualquer reação de fuga que o fizesse recuar ou de audácia inconsciente que o fizesse se projetar para a frente colocaria imediatamente em perigo seu companheiro de armas.[5] Assim como ele não deve se comportar como covarde, do mesmo modo não se trata de se fazer de herói. Simplesmente guardar seu posto e resistir – *hupomenein*, em grego. Aos juízes que lhe propõem em troca de sua vida parar de interpelar seus conterrâneos na ágora, Sócrates responde: impossível, como um hoplita devo guardar meu posto.[6] Nova definição da coragem aqui, que não tem mais nada a ver com uma audácia furiosa. A coragem é determinação, uma resistência silenciosa. Ora, "quando eu resisto", quando dou prova de constância e me obrigo a me manter fiel no meu posto, independentemente do medo, será que estou obedecendo ou comandando? Eu comando a mim mesmo a obedecer.

O sistema de sorteio das magistraturas na democracia ateniense faz com que aquele que comanda poderia estar em posição de obedecer. No momento em que, como cidadão, eu obedeço, eu também poderia estar no lugar daquele que comanda. Princípio de reversibilidade diferida: segundo os sorteios, um comanda e o outro obedece, mas em pé de igualdade. Na democracia, como sujeitos políticos, só obedecemos no sentido em

---

5. Ver o capítulo "Tenir bon", in Frédéric Gros, *États de violence: Essai sur la fin da la guerre*. Paris: Gallimard, 2006 ["Suportar", in *Estados de violência: Ensaio sobre o fim da guerra*, trad. José Augusto da Silva. Aparecida: Ideias & Letras, 2009].
6. "Defesa de Sócrates", 28d.

que poderíamos ser também aquele que comanda. A divisão governante/governado é aleatória. Não existe diferença estatutária que petrificaria a separação entre elites competentes, especializadas, profissionais, e um povo simplesmente representado, não existe cisão estruturante entre dirigentes e dirigidos dos quais se esperariam efeitos de ordem e de harmonia. O que há é essa flutuação que fornece seu estilo à obediência "política": eu lhe obedeço no sentido em que é meu igual, mas eu também poderia estar no lugar que você ocupa. A reversibilidade entre o comando e a obediência não deve ser simplesmente compreendida como essa distribuição acidental de posições, que faz do outro que me comanda meu igual no sentido, sobretudo, em que é só por acaso que ele ocupa seu posto. É preciso interiorizá-la e compreender o confinamento ético da relação consigo que ela acarreta. Pois não há exatamente equivalência dos dois termos, que permutariam suas virtudes para formar o perfeito cidadão – um espírito de iniciativa audaciosa, mas também uma humildade respeitosa etc. Trata-se, antes, de dizer que o comando estrutura a obediência. Em outras palavras, na obediência que denominaremos "política", eu *me obrigo*, isto é, obedecendo, eu comando a mim mesmo a obedecer. E me obrigo a examinar, a julgar, a avaliar aquilo a que obedeço, pois obedecer compromete. Só obedecemos bem quando fazemos valer, na obediência, essa capacidade de comandar a si mesmo. A obediência política, cidadã, é *voluntária*. Ela é lúcida, sensata, responsabilizante. Sou eu que me obrigo, *livremente*. Submeto-me às ordens de outro, mas a partir de uma decisão própria. É a mim que comando a obedecer ao outro, isto é, até na obediência se faz valer a soberania de um chefe: é "como meu próprio chefe" que obedeço. A obediência designa uma ativação da vontade, e não sua abdicação – impossível então encontrar entre os gregos um enunciado como "não sou responsável, pois eu só obedecia". Com a ideia de obrigação estamos muito longe do modelo do consentimento, em particular na versão dada por Hobbes. Segundo ele, é política por excelência a instituição da partilha entre, de um lado, a autoridade pública, que faz as leis, impõe a ordem pública, e, de outro, a massa dos cidadãos que abandonam seu direito natural e se resignam a obedecer para obter segurança. A obrigação política em Aristóteles não é instituinte. Ela não legitima nenhuma autoridade soberana exterior, não constrói nenhuma comunidade de renúncia. Cria solidariedades a partir da afirmação, da ativação de um governo de si sobre si: eu me obrigo a obedecer a um outro que é meu igual. Não pode jamais ser suposta como um *a priori* relegado à origem, pois é por ela, ao contrário, que me faço presente a mim mesmo. É o oposto do consentimento. A obrigação é a possibilidade geral de desobedecer no interior da própria forma ética da obediência. Em última instância, sou sempre eu que comando a mim mesmo a obedecer, o que significa que, em tal ou tal situação, poderei recusar a mim mesmo de obedecer – pois sou *eu* que comando.

A obediência política autêntica supõe estabelecer de si para si uma relação de comando: trata-se de fazer reinar a ordem em si, ser o *mestre* consigo, em si e para si. Por "ordem", não se deve somente compreender o comando, mas também a ordenança no sentido quase harmônico. O que Platão denomina "justiça" é o superior, em si mesmo, comandar o inferior, é a capacidade de instaurar uma aristocracia interior. Meus desejos, minhas vontades, meus impulsos, meus ideais, minhas necessidades, minhas capacidades, minhas energias: é preciso que cada coisa em mim *se mantenha em seu lugar*, que o que há em mim de mais elevado dirija, que minha potência de agir se ponha a serviço de convicções racionais, que minhas aspirações vulgares sejam contidas, que minhas necessidades naturais sejam somente satisfeitas. "Obedecer-se" ou "comandar-se" é sempre um único trabalho de si sobre si mesmo.

Pode-se citar a formulação de Lorenzo Milani, padre italiano que tinha dedicado a vida à educação dos mais carentes em sua escola de Barbiana e que, nos anos 1960, foi processado por ter defendido publicamente o princípio da objeção de consciência (ele morrerá antes da conclusão do julgamento): nunca se deve desprezar, escrevia ele, aqueles que estão embaixo, mas é preciso desprezar sempre aqueles que *visam baixo*.[7] "Visar baixo" é deixar as ambições medíocres pululocarem, ceder à facilidade, deixar o vulgar inflar, o magnânimo diminuir. Desarmonia: nada está em seu lugar, as hierarquias estão invertidas.

O domínio perfeito de si e a obediência soberana a si mesmo, seu inverso, produzem uma ordem interior. O comportamento devasso, a conduta injusta se pagam com a quebra dessa harmonia que garante "a amizade consigo mesmo".[8] Cometer um crime, diz Arendt, é aceitar viver, o resto dos dias, na companhia de um assassino: si mesmo.[9] É destruir a camaradagem mesma dessa relação consigo que nos torna, nós mesmos para nós mesmos, *vivíveis*. Ricardo III faz disso uma experiência amarga, destruidora:

> A quem temo? A mim mesmo? Estou sozinho.
> Ricardo ama Ricardo. Eu sou eu mesmo.

---

7. *L'Obéissance n'est plus une vertu. Documents du procès de don Lorenzo Milani*, trad. Jean-François Hautin. Paris: Le Champ du Possible, 1974.
8. Platão, *A República*, 443d.
9. Hannah Arendt, "A responsabilidade coletiva", in *Responsabilidade e julgamento: Escritos morais e éticos*, trad. Rosaura Eichenberg. São Paulo: Companhia das Letras, 2004.

Há um assassino aqui? Não – sim, sou eu:
Devo fugir? De quem? Fugir de mim?
Qual a razão? Vingança? De mim mesmo?
Não, eu me amo. E por quê? Por algum bem
Que eu mesmo tenha feito à minha alma?
Ó não! Horror! Eu antes me detesto
Pelos crimes cruéis que cometi.
Sou vilão: porém minto, não o sou.
Elogia-te tolo! Tolo, humilha-te!
Minha consciência tem mais de mil línguas[10]

A solidão é uma ilusão. Só há consciência de si no diálogo de si consigo mesmo: "Mesmo que eu seja um só, tenho um eu e estou relacionado com esse eu como o meu próprio eu".[11] O eu não é uma entidade rígida, unitária, é um "dois-em-um", diz Arendt; ele é o nome de uma defasagem. Foucault, de seu lado, fala da "relação" de si para consigo, e é a vibração dessa relação que faz a vida ética – e não o faz por uma instância subjetiva, qualquer que seja ela, de estar colado a valores.

Com isso, eu gostaria de sublinhar a especificidade da via ética em relação à moral. A condenação da injustiça não se faz aqui em nome de princípios transcendentes: o Bem, o Justo, o Puro... Pois o próprio dos grandes valores é que servem de estandartes, de princípios de justificação. Quantos horrores não se cometeram para o Bem da Humanidade, o Bem do Povo, o Bem da Nação? É preciso desconfiar das maiúsculas, elas indicam

---

10. William Shakespeare, *Ricardo III*, ato v, cena iii (*Ricardo III e Henrique V*, trad. Ana Amélia Carneiro de Mendonça e Bárbara Heliodora. Rio de Janeiro: Nova Fronteira, 1993, p. 144).
11. H. Arendt, "Algumas questões de filosofia moral", in *Responsabilidade e julgamento*, op. cit., 2004, p. 154.

alavancas de justificação. "Justificar" não é somente dar razão ou apresentar as razões, é fazer que se torne justo o que decididamente não pode ser justo. A ação verdadeiramente justa não tem de se justificar, não tem de se multiplicar em discursos que a inscrevam numa legitimidade superior. Como disse Jacques Derrida: só se perdoa, no sentido puro, o imperdoável,[12] poderíamos dizer: só se justifica o injustificável. O que é suspeito, perigoso até, nos valores eternos, definitivos, é o fato de que, em sua imposição, sua abstração, sua idealidade, sua superioridade, constituem-se como o que é preciso fazer existir *por meio de*. E ressurge constantemente a espiral sacrificial. A Verdade, a Justiça são divindades exigentes. Posso, portanto, chegar a me convencer que é *moralmente* necessário matar, massacrar, mentir para o Bem da História, a Justiça do Proletariado ou o Advento da Raça Pura.

A outra questão, o questionamento propriamente *ético* seria: você está disposto a viver para sempre com um assassino, ou antes em companhia de si mesmo como assassino, como traidor, perjuro, mentiroso, ladrão? Os justos "recusaram o assassinato, não tanto porque observavam rigorosamente o mandamento 'Não matarás', mas porque não queriam viver com um assassino, ou seja, eles mesmos".[13] O que previne, obstrui, evita cometer delitos não é a veneração de um Valor que queremos conservar puro, o surgimento de um Interdito maior. O que pode *impedir* é essa relação de si para si cuja harmonia não se pretende alterar, essa confiança que se tem, não *em* si, mas *para* si mesmo. Essa relação de autoestima também.

---

12. "O perdão perdoa somente o imperdoável" ("Le Siècle et le pardon" [1999], in *Foi et savoir*. Paris: Seuil, 2001).
13. "Responsabilidade social sob a ditadura" [1964], in H. Arendt, op. cit., 2004, p. 83-84.

Podemos continuar ainda sob a luz antiga e pensar – para retomar a noção que Foucault reencontra e retrabalha –[14] que, no fundo, é pelo *cuidado de si* que nos impedimos de cometer abominações, de participar de empreitadas criminosas. E esse móvel ético é talvez mais eficaz, ao menos tão respeitável quanto o temor da veneração dos deuses, dos valores, quanto o medo sagrado dos interditos. Esse cuidado de si (*epimeleia heautou*, em grego; *cura sui* em latim) não designa uma postura de recolhimento narcísico, como se se tratasse de fazer de si um objeto de cuidado, estético e/ou hipocondríaco, constante e exclusivo. O mal-entendido provém da interpretação do "si". Não se trata de cuidar de si no sentido de uma postura egoísta, individualista, mas de permanecer vigilante nesse núcleo ético que habita cada um. Sócrates é aquele que se dirige a seus compatriotas para lhes dizer: "Vejo-vos cuidar facilmente de vossas riquezas, de vossas reputações, de vossos prazeres. Mas *de vós mesmos* realmente, será que cuidais realmente?".[15] Esse "si" não é o eu egoísta das preferências, tampouco o eu íntimo, profundo, secreto, especialidade dos psicólogos do desenvolvimento pessoal, aquele a ser redescoberto, reconquistado em sua autenticidade para além do verniz da educação e o jugo das socializações. O si de que se trata, e que constitui o objeto, o conteúdo do cuidado socrático, traçando o volume ético da relação de si para si, é esse "fundo" a partir do qual eu me autorizo a aceitar ou recusar tal ordem, tal decisão, tal ação. É a alavanca da desobediência.

---

14. Ver, para essa noção especificamente, Michel Foucault, *L'Herméneutique du sujet* [*A hermenêutica do sujeito*, trad. Márcio Alves da Fonseca e Salma Tannus Muchail. São Paulo: Martins Fontes, 2006] (as aulas de janeiro de 1982) e *Le Souci de soi* (Paris: Gallimard, 1984 [*História da sexualidade 3: O cuidado de si*, trad. Maria Thereza da Costa Albuquerque. São Paulo: Graal, 2005]).
15. "Defesa de Sócrates", 30a-c.

Mas estou indo rápido demais. Não existe "fundo", não existe instância estabilizada do sujeito (um si "soberano") que comandaria os outros. É preciso deixar Platão de lado para melhor encontrar Sócrates. O que nos faz desobedecer, aquilo a partir do qual desobedecemos, trama-se não em um Eu consistente que deteria em seu íntimo os valores eternos. O que nos faz desobedecer é a bricolagem tenaz de nossas inquietações éticas. Retomo a expressão de Arendt de "dois-em-um" –[16] para tentar determinar a defasagem.

Esses mal-entendidos (que fazem do cuidado de si uma figura do narcisismo complacente) impedem que se compreenda o que Foucault, assim como Arendt, realizou como trajetória crítica. Cada um de seu lado começou por colocar o problema do "superpoder", da desmesura na empreitada de dominação dos homens, Arendt estudando frontalmente o fenômeno totalitário,[17] Foucault analisando o surgimento e a instalação de um poder disciplinar, exaustivo e meticuloso.[18] Mas, depois de, num primeiro tempo, analisar, no detalhe mais ínfimo de seus mecanismos, na perfeição de sua maquinaria, os funcionamentos desses sistemas, fica um resto: como um sujeito político pode aceitar entrar nessa empreitada? Que construção ética pode fazer com que *cada um* obedeça maciçamente a esse ponto?

Ou mesmo, ainda e principalmente: não foi a ausência dessa construção que tornou a obediência possível? Supressão do "cuidado de si", desaparecimento do "juízo", ausência de um "diálogo de si consigo", a obediência é uma renúncia, ela sacrifi-

---

16. Seria preciso mesmo dizer "vários em um", mas dois em um já é muito.
17. *Origens do totalitarismo*, trad. Roberto Raposo. São Paulo: Companhia das Letras, 2012.
18. *Surveiller et punir*. Paris: Gallimard, 1975 [*Vigiar e punir: Nascimento da prisão*, trad. Raquel Ramalhete. Petrópolis: Vozes, 2015].

ca o si ético. E compreendemos então que, para encontrar um remédio para a tentação totalitária, para pensar as condições da resistência ao superpoder, Foucault e Arendt se deixam ambos convocar por Sócrates e por Kant: o Sócrates do exame dialético interminável, do cuidado de si; o Kant da coragem da verdade e do pensamento que julga.

É o pensamento pensante, o trabalho crítico que nos faz desobedecer. O exame socrático requer esse pensamento pensante, e não um pensamento pensado (a lição que recitamos, o dogma que repetimos). Quero dizer com isso que cada um deve esforçar-se para se postar na vertical da questão e que seu pensamento só se anime em eco a essa convocação. Impedir-se de recitar receitas, de gaguejar fórmulas aprendidas, de aplicar soluções prontas, de receber evidências passivas – e principalmente confiar nas hesitações da consciência. Mais uma vez, princípio da responsabilidade indelegável: ninguém pode pensar em seu lugar, ninguém pode responder em seu lugar.

Ora, esse pensamento pensante que não está nos livros é anterior à própria distinção entre o obedecer e o desobedecer. Ou melhor, ele é natural, estrutural e primitivamente desobediente, se obedecer é seguir a lição de um outro. O transcendental ético do político é a experiência do indelegável. Ninguém pode pensar em meu lugar, ninguém pode responder em meu lugar, ninguém pode decidir em meu lugar, ninguém pode desobedecer em meu lugar.

Será que avançamos? Algumas dezenas de páginas para abrigar o segredo da desobediência em um pequeno arranjo interior, aninhado numa "relação consigo", dramaticamente apresentado, mas talvez ainda assim um tanto exíguo e mesquinho.

Desobedecer seria, portanto, voltar para si mesmo? E o que fazer das revoltas, das paixões coletivas da justiça, o que fazer do sentido da história, da revanche dos povos? Estamos, portanto, reduzidos a essa estreita passagem, a esse magro corredor, por certo adornado com um nome misterioso (o "eu indelegável"), mas por trás do qual reconhecemos logo o que Baudelaire chamava "a antiga consciência". Eis portanto o que seria, a nu, a verdadeira desobediência: dar-se o luxo das "tempestades sob um crânio"...

Não, estou falando aqui de uma experiência à qual certamente nos obrigamos, mas para nos constituir o obrigado de um outro, dos outros, de causas e de valores que ultrapassam o indivíduo. Fazer a experiência do eu indelegável é operar a junção entre a obrigação ética e a dissidência cívica. A insubmissão coletiva torna-se um movimento histórico real e consistente quando se produz uma covibração de numerosos "si" indelegáveis, porque a situação degradou-se a tal ponto que cada um sente a urgência de reagir e a necessidade de não mais obedecer. É a essência das revoluções quando cada um se recusa a deixar a outro sua própria capacidade de supressão para restaurar uma justiça, quando cada um se descobre insubstituível para se pôr a serviço da humanidade inteira, quando cada um faz a experiência da impossibilidade de delegar a outros o cuidado do mundo.

12.
A RESPONSABILIDADE SEM LIMITES

Até que ponto desobedecer é *responsável*? Afinal, quando dizemos: mas não posso ser considerado responsável, *pois eu só estava obedecendo*, queremos dizer que a obediência faz entrar num regime de desresponsabilidade. A partir do momento em que obedeço, *estou fora*. A partir do momento em que obedeço, o que executo não é mais da *minha* responsabilidade. Será preciso desobedecer a esse ponto para ser responsável?

No entanto, sempre ouvimos: a irresponsabilidade é a dos desobedientes. Em outras palavras, é irresponsável aquele que infringe a regra comum, que não respeita a lei. O pequeno delinquente ouve o sermão: ora, imagine, e se todo mundo fizesse como você, em que mundo viveríamos?

Esse termo "responsabilidade" é amplo. Há a responsabilidade dos dirigentes, dos diretores, a que está na tomada de decisão e na percepção das realidades. O "responsável" toma iniciativas, arbitra, aceita os compromissos, antecipa as consequências, busca acordos, equilíbrios, manipula as paixões e as imagens. Ele considera o mundo tal como é, responde à urgência da ação, assume riscos, debatendo-se no meio das contingências e das rivalidades. É pragmático, reformista, antiutopista. Encara os problemas de frente, luta, enfrenta os conflitos e os conduz até o final. Vejo daqui esses homens "responsáveis": o ar um pouco duro, o gesto vivo, a fala cortante. Essa espécie de homem gosta de designar os comprometimentos com o nome valoroso de "compromisso". Ou são os "fanáticos" que estabelecem a equivalência dos termos? Ser responsável é compor com o real e renunciar aos sonhos. Tudo isso foi escrito, articulado por Maquiavel, Hegel, Weber... Agir, pôr em prática, aceitar a luta, vencer, obter resultados: esforço aplicado da vontade. O responsável trabalha para a produção dos efeitos, ele antecipa, calcula, discerne. E considera-se responsável pelo resultado terminal.

Mas quero evocar aqui outra figura da responsabilidade. Eu a denominarei responsabilidade "ilimitada". Ela não reside mais na busca de uma eficácia, e sim nesse momento de convocação que faz surgir um "sujeito". O sujeito, invadido por esse apelo, sente-se *responsável sem limites*. Podemos traçar aqui o quadrilátero da responsabilidade ilimitada: responsabilidade integral, absoluta, infinita e global.

Falarei primeiro da responsabilidade integral, ou responsabilidade do erro. Para explicá-la, represento-me a antiga imagem do tribunal dos mortos, fazendo surgir a arcaica e angustiante certeza de que um dia será preciso prestar contas do conjunto de nossas manobras, mesmo e sobretudo as mais secretas, prestar contas da integralidade de nossos atos e até de nossos pensamentos. Há, em primeiro lugar, proporcionada por essa imagem da balança, uma grade de leitura evidente e estritamente dualista. Sopesam-se o bem e o mal, o vício e a virtude, o justo e o injusto. É uma responsabilidade precipitada por uma convocação. Responsabilidade *perante*: perante uma instância dominante, superior, invasiva que instrui nosso processo, expõe numa transparência implacável o pacote de nossos heroísmos miseráveis e nossas covardias abissais, de nossos vícios, nossas iniquidades. Tudo será retido contra nós. Nada será esquecido. O sujeito carrega o fardo de seus atos. Eles não se extinguem no ar do tempo como bolhas de sabão: esperam por nós, trazem neles seu duplo de castigos ou recompensas. No último dia.

Segunda figura: a responsabilidade absoluta, ou responsabilidade do acontecimento. Penso nessa provocação de Epicteto, quando ele diz:[1] o que depende de ti não é nunca o

---

[1] Ver, por exemplo, todo o início do *Manual* (1-6) e a apresentação feita por Pierre Hadot em sua edição [Paris: LGF, 2000 (Aldo Dinucci e Alfredo Julien, "O Encheirídion de Epicteto". *Archai*, n. 9, jul.-dez. 2012, pp. 123-36)].

que te acontece *como tal*. Não controlamos o curso das coisas. As doenças e as riquezas, a felicidade de nossos próximos ou os sucessos pessoais, nossa reputação e os reconhecimentos sociais, os prazeres e os desprazeres, tudo é tomado em séries causais tão complexas e ramificadas que se torna absurdo pensar que a liberdade possa ser empenhada, autenticada ou desqualificada nesse entrelaçamento de acidentes. O que depende absolutamente da minha responsabilidade, em compensação, é o *sentido* que darei ao que me ocorre. Como vou qualificar os acidentes da existência, que nome lhes dar? Infortúnio imenso ou pecadilho, provação de minha energia ou drama atroz, rasgo minúsculo no imenso tecido das vicissitudes humanas, fatalidade superior, injustiça indigna ou ocasião dada à minha coragem, minha constância? Sou eu *absolutamente* que decido. O pequeno discurso que dá sentido ao acontecimento, cabe a mim formatá-lo, compô-lo, declamá-lo diante de mim mesmo. "Que infortúnio repentino se abate sobre mim!", exclama o indivíduo não preparado. E o sábio: "Veja só; estou pronto, devo mostrar-me à altura do que me ocorre".[2] Quantos objetos se estragam, se quebram? A Natureza os fez corruptíveis e frágeis. Quantos próximos caem doentes, morrem? Eles manifestam sua condição mortal. Nada tão *naturalmente lógico*. Mas minha própria responsabilidade é o que vou *fazer* daquilo que me acontece: um infortúnio insuperável, um acidente negligenciável, um desafio a enfrentar. Sou o mestre absoluto do sentido a ser dado ao que me acontece.

---

2. Ver Epicteto em *Diatribes* (III, XX, 10-12): "Meu vizinho é mau? É mau para ele. Para mim, ele é bom, ele exercita minha doçura e minha indulgência. Traz a doença, traz a morte, traz a indigência, traz a injúria e a condenação ao último suplício; tudo isso, sob o bastão de Hermes, ganhará utilidade" (trad. Joseph Souilhé. Paris: Les Belles Lettres, 1963, p. 64). O bastão mágico de Hermes transforma tudo o que toca em ouro.

Terceira figura: a responsabilidade infinita, a responsabilidade do frágil. Transformo a cena. Desta vez, estou na presença de um ser vulnerável: uma criança frágil, um próximo carente, um anônimo aos prantos. Esses encontros se impõem a mim. Difícil passar por eles, impossível tentar desviar a atenção. Eu, encerrado em meu conforto e minhas seguranças, eu, petrificado em minhas propriedades, sólido, consistente, sinto-me subitamente tragado, arrancado de mim mesmo pelo sofrimento do outro. Mas não quero dizer aqui que seu lamento terá despertado minha piedade, animado minha compaixão. Seria preciso supor então um aquecimento dos corações, uma abertura da sensibilidade, um pouco de desabafo. Mas a responsabilidade *pelo outro*, para retomar a expressão de Levinas,[3] a responsabilidade de proteger, é outra coisa. Como uma inversão dos papéis: o outro a partir de seu sofrimento mudo, o outro em sua fragilidade, o outro carente, desarmado, é *ele quem me comanda*. Ele me chama, me intima. E sinto em meus ombros o peso do fardo, do encargo de ter infinitamente de vir em seu auxílio, protegê-lo. Já se vê aqui a distância que separa essa responsabilidade da responsabilidade do erro. Naquela, eu me sentia responsável perante uma instância que me ultrapassava, transcendia, uma superioridade maiúscula (Deus, o Juiz, a Lei, a Sociedade, minha Consciência etc.), eu próprio carente, penetrado pelo olhar – quase um animal acossado, encurralado na angústia, e tendo de depor aos pés do Olho[4] o pacote de minha pessoa. Aqui, quase ao inverso, sinto-me responsável por ser confrontado com o mais frágil, o

---

3. "A partir do momento em que o outro me olha, já sou responsável por ele sem mesmo ter de assumir responsabilidades perante ele; a sua responsabilidade *me incumbe* [...]. A responsabilidade é inicialmente por outrem", in *Éthique et infini*. Paris: Le Livre de Poche, 1984, p. 97.
4. Retomo aqui a metáfora de Victor Hugo em *A lenda dos séculos* ("A consciência").

mais carente. Minha força, minha superioridade são a alavanca de uma obrigação infinita para com o outro. Algo de imperioso fez-se ouvir, no âmago do sofrimento.

Última figura: a responsabilidade global, ou responsabilidade do mundo. Imagino ainda outra coisa aqui. É a ideia de que somos solidários das injustiças produzidas por todo lado. Solidários no sentido em que não é possível, *num certo nível de ser*, fazer como se elas não nos dissessem respeito. Há sempre alguma ponta pela qual somos ligados a ela; algo do sentido, do destino da humanidade à qual pertencemos decide-se aí. Impossível, então, ficar indiferente, impossível fazer como se o afastamento geográfico, a distância social, a impotência política pudessem nos isentar de reagir. Recorrer a uma neutralidade soberana (isso não me interessa, não é problema meu, não quero tomar partido...) é ocultar a si mesmo a evidência esmagadora dessa responsabilidade global. Pois trata-se exatamente disto: ocultar-se, cegar-se, *não querer* ver ou saber, ficar à margem. Mas o primordial é o sentimento implacável e urgente dessa responsabilidade, a certeza de que no fundo cada um traz em si a responsabilidade (ou o que Arendt denominava o "cuidado") do mundo. Sartre, com densidade e intensidade, alimentou por meio de suas teses esse conceito da responsabilidade global. Quando ele escreve "o próprio da realidade humana é ser sem desculpa",[5] é também para tornar ilegítima qualquer pretensão à neutralidade. Trata-se de dizer: nenhuma desculpa para não lutar contra esta ou aquela injustiça, nenhuma desculpa para não combater esta ou aquela iniquidade. Sou responsável por isso por princípio e, pela minha inação, torno-me cúmplice. Primeiro número de *Les Temps modernes*:

---

5. *L'Être et le néant*. Paris: Gallimard, 1943, p. 613 [*O ser e o nada: Ensaio de ontologia fenomenológica*, trad. Paulo Perdigão. Petrópolis: Vozes, 2005, p. 679].

Considero Flaubert e Goncourt como responsáveis pela repressão que se seguiu à Comuna porque não escreveram sequer uma linha para impedi-la. Não era problema deles, dirão. Mas o processo de Calas era problema de Voltaire? A condenação de Dreyfus era problema de Zola? A administração do Congo era problema de Gide? Cada um desses autores, em uma circunstância particular de sua vida, teve a medida de sua responsabilidade de escritor. A ocupação alemã ensinou-nos a nossa.[6]

Ser intelectual, artista, escritor, mas talvez, mais fundamentalmente, levar a sério seu ofício, seu destino de "homem", significa obrigar-se ao engajamento, até mesmo à luta, ao posicionamento. Pois a *neutralidade* é uma escolha: a da cumplicidade passiva.

É preciso doravante reunir essas quatro determinações da responsabilidade sem limites e encontrar o que as perpassa. Dois elos podem ser suficientes. O primeiro é a imagem do fardo. Em cada figura reaparece o sentimento de uma carga: fardo do ato realizado, definitivamente inscrito no tempo; fardo do sentido a conferir ao que me acontece; fardo do outro, fraco, frágil que, de minha posição de privilegiado, sou convocado a proteger; fardo, enfim, das injustiças que permeiam o mundo e das quais não posso me sentir dispensado invocando minha neutralidade. Ser responsável é, antes de mais nada: sentir o peso de um fardo em meus ombros. É o que, no entanto, pouco mostram as bravatas das filosofias que querem dar uma versão radiante da responsabilidade, a da autonomia e da iniciativa. O "sujeito" que a filosofia gosta de teorizar é um princípio de atividade: o sujeito dá ou constrói sentido, projeta categorias. A responsabi-

6. "Apresentação" do número 1, 1º de outubro de 1945 ["Apresentação de *Les Temps modernes*", trad. Oto Araújo Vale. São Paulo: Hucitec, 1999, p. 119].

lidade faz encontrar outro sujeito, um sujeito que não é descoberto como uma irrupção. Torno-me, por e para mim mesmo, um sujeito de sentir sobre meus ombros esse peso, peso de meus erros, peso do sentido, peso do outro e do mundo.

O segundo elo consiste no que Jankélévitch denominava "o insubstituível".[7] Ao mesmo tempo que eu faço a experiência desse encargo, faço a da impossibilidade de me desfazer dele, de fazer com que seja suportado por outrem, de me eximir, de abandoná-lo à beira do caminho ou de delegá-lo.

E é no cruzamento das duas experiências que o sujeito advém. É a *mim*, somente a mim, que cabe carregar o fardo: fui eu que cometi tal ato; é a mim que tal coisa acontece; é a mim que se dirige o apelo vindo do fundo do sofrimento; sou eu que estou imerso neste mundo. A responsabilidade é um processo de subjetivação, e, no melhor do que se chama "sujeito", encontramos a descoberta em si dessa parte de indelegável. É aí que o sujeito da responsabilidade difere do sujeito clássico da filosofia, sempre universal, indefinidamente divisível (o *cogito*, o *ego* transcendental). O sujeito da responsabilidade, ao contrário, sou eu no sentido em que não sou os outros.

Mas será que é tão razoável, ou mesmo suportável, sentir-se responsável por tudo, ficar no meio dessa incandescência ética? Dizer-me que sou responsável pela integralidade do que pude cometer (nada me será perdoado, será preciso prestar contas de tudo). Dizer-me que sou absolutamente responsável por

---

7. Ver, por exemplo, o capítulo "C'est à moi de le faire" (em *Le Sérieux de l'intention*. Paris: Flammarion, 1983, p. 233): "O mesmo que é insubstituível por antecipação [*avant la lettre*] é responsável *a posteriori* [*après-coup*]: a insubstituibilidade é, portanto, uma responsabilidade antecedente, como a responsabilidade é uma insubstituibilidade consequente; na condição de insubstituível, o agente endossa ou assume de antemão o mistério de um fardo que lhe incumbe pessoalmente, responsabiliza-se por ele".

meus infortúnios, pois em última instância fui eu que decidi que o que me acontece é deplorável. Dizer-me que sou infinitamente responsável pelo sofrimento do outro. Dizer-me, enfim, que sou responsável pelas iniquidades do mundo, seu eterno cúmplice, desde que não invista toda a minha energia a combatê-las ou denunciá-las. Esses extremos de moral são irrespiráveis. Mas quem disse que a filosofia nos devia "ajudar" a viver, "acompanhar" num caminho de vida e, pior ainda, "consolar"? Sartre, Epicteto, Santo Agostinho, Kant e Levinas não são filósofos *de bom conselho*, pois não se trata aqui de se preparar, acomodar-se, mas de designar de longe o lugar de uma verdade impossível. Impossível de suportar por muito tempo, ao risco de enlouquecer, nesse ardor ético do sujeito responsável *por tudo*. Mas, mais uma vez, os grandes pensamentos morais estão aí sobretudo para delinear, visando a nossas consciências já dispostas aos sofismas, essas zonas limites como uma provocação necessária. O pensamento moral, com seus conceitos, domestica núcleos éticos pelos quais devemos ao menos nos deixar atravessar. É por meio deles que a vida moral adquire sentido. Então, sim, estremecer um pouco e se dizer que, afinal, sim, *em algum lugar* nós carregamos esses fardos. E a responsabilidade é responder *presente* para suportar esse peso, e por meio desse "responder presente" um sujeito surge, submetido ao encargo do mundo, do sentido, dos outros e de seus erros.

Essas experiências da responsabilidade, como são imperiosas, suscitam imediatamente estratégias de desvio. E é aí que surge a tentação da obediência, e, de modo mais geral, a tentação de apelar para os outros.

Dostoiévski havia avaliado esse risco numa fórmula admirável: somos, escrevia ele, todos responsáveis, por tudo e perante todos, "*e eu mais do que um outro*".[8] Eu, mais do que um outro, porque, invocando os outros, corro o risco de diluir minha responsabilidade. Afinal, se somos *todos* responsáveis, quer dizer talvez que eu sou um pouco menos responsável que todos os outros, ou melhor que sou tanto menos responsável na medida em que dividimos em vários a responsabilidade. Minha parte é forçosamente *limitada*.

Mas os sujeitos da responsabilidade não se somam. A responsabilidade não é um festim do qual cada um, para seu estômago moral, só receberia no final algumas migalhas, um pouco de poeira ou lascas. Ela é indivisível, está nesse "responder presente" que cada um deve repetir para si mesmo. É uma intensidade moral. A filosofia clássica, foi dito, não se reconhece aí, quando pensa o "sujeito" como fonte metódica da verdade. O *cogito* e o *ego* transcendental, como sujeitos, exigem a universalidade e a partilha. Os "outros" não só não apresentam perigo, como são um elemento de confirmação: a mesma verdade conhecida, reconhecida por todos. Mas, para o sujeito responsável, a invocação dos outros é uma ameaça. A primeira tática de evitamento consiste em rejeitar sobre esses outros os insucessos, os infortúnios, os fracassos. As decepções? Isso é o resultado de uma má sorte, de um assédio contínuo, de uma conspiração geral. É sempre a culpa dos outros: a educação recebida, o mau humor geral, o complô da sorte...

Afinal, Epicteto estava disposto também a reconhecer que nada do que se trama nas questões do mundo depende estritamente de nós. Mas pretendia-se assim delimitar uma responsabilidade essencial: a da qualificação, por mim e ninguém mais, do acontecimento. Com a má-fé, ao contrário, atraímos sobre nós a cortina

---

8. Retraduzo livremente aqui a frase do monge agonizante, o *stárietz* Zossima (*Os irmãos Karamázov*, livro VI), como o faz também E. Levinas em *Éthique et infini*, op. cit., 1984.

dos outros, e cada um mastiga as cinzas das recriminações. Não é culpa minha, não tive sorte, sou uma *vítima*. Em suma, a má-fé.

Se, em compensação, nos pedem um engajamento firme para uma causa justa, uma participação ativa na luta ou na resistência, a outra estratégia consistirá em se eximir alegando: "Muitas outras pessoas serão mais bem qualificadas, mais competentes, mais eficazes que eu". Projetamos no horizonte uma horda de boas vontades dispostas a aderir, a fim de podermos bater em retirada: um outro o fará em meu lugar, e muito melhor.

O último exemplo recai no caso de obediência: recebo ordens para executar um ato que reprovo, envolver-me num programa que me repugna. E penso que uma recusa de minha parte seria inútil, vã, pois, se me retraio, *de qualquer maneira outro o fará em meu lugar*. Então, que diferença faz? O massacre será perpetrado; o inocente, executado. A ignomínia à qual, ainda que no espaço de alguns segundos, eu tenha oposto minha derrisória revolta, minha recusa anedótica, será realizada por outro. Nenhuma diferença, portanto. Estratégia aqui da *boa consciência*: "Não posso censurar-me de nada; eu tinha ordens; e, além disso, outro o teria feito em meu lugar, então, que diferença faz?".

Que diferença? Exceto que fui eu que o fiz. Diferença mínima que não muda nada na ordem geral do mundo, decerto, mas que deveria fazer toda a diferença para mim. Esse nada toca no essencial: esse nada é o lampejo categórico do sujeito responsável, no sentido precisamente em que ele é aquilo que não é intercambiável.

Uma imagem, ou melhor, uma lenda: o drama de Claude Eatherly, ao menos na versão fornecida por Günther Anders.[9] Seja,

[9]. Pensamos aqui, evidentemente, na correspondência trocada entre ambos (1959-1961), traduzida por F. Cazenave e G. R. Veyret e reproduzida em *Hiroshima est partout*. Paris: Seuil, 2008.

portanto, essa história, que gostaríamos que fosse verdadeira pela forma como articula o drama da responsabilidade.[10] Claude Eatherly faz parte do pequeno esquadrão de pilotos especiais selecionados pelo exército americano para proceder ao bombardeio nuclear do Japão em agosto de 1945. Ele tinha sido designado para realizar o voo de reconhecimento atmosférico que serviria para determinar se as condições de nebulosidade eram favoráveis ao lançamento das bombas sobre Hiroshima. Envia imediatamente seu sinal verde ao piloto que transporta a bomba atômica. Resultado: dezenas e dezenas de milhares de mortos.

Quanto volta, o "herói de guerra" é desmobilizado e logo apresenta sintomas graves de depressão: passa por episódios de alcoolismo e de vício em jogo, acompanhados de atividades delinquentes (fraudes, assaltos). A cada vez ele é declarado psiquiatricamente irresponsável e internado numa instituição. É no início dos anos 1950 que nasce na imprensa americana a lenda do "herói arrependido", enlouquecido de culpa ao tomar consciência do assassinato em massa de que foi cúmplice. Todas as suas condutas desviantes seriam a expressão de uma culpabilidade surda: Eatherly não consegue se ver desresponsável pelos mortos de Hiroshima e responde a esse pesadelo de culpabilidade com comportamentos patológicos.

Günther Anders, o primeiro marido de Hannah Arendt, filósofo da catástrofe técnica, toma conhecimento dessa história. Perturbado, quer ver em Eatherly um "mártir", o "símbolo de uma época", uma época que, em seu delírio do crescimento técnico, prepara o fim da humanidade, uma época que promove pela segmentação das atividades a cegueira das consciências.

10. Pode-se ler a versão romanesca, mas que se aproxima da verdade turva do personagem, de Marc Durin-Valois (*La Dernière nuit de Claude Eatherly*. Paris: Plon, 2012).

A grandeza de Eatherly seria aceitar receber sobre si mesmo a violência de sua responsabilidade, a ponto de ficar louco. Ou melhor, não: a ponto de manifestar lucidamente à luz do dia sua culpabilidade. Mas ninguém quer ouvi-lo (ele é um "herói de guerra"!), porque isso significaria interrogar a culpabilidade de toda uma civilização. E, no momento em que ele aceita reconhecer-se responsável, é declarado louco e internado.

Günther Anders delineia então essa silhueta do mártir da responsabilidade, e Eatherly assume esse papel e deixa circular a lenda. Ele deixa dizer que durante anos teria enviado incontáveis cheques às associações humanitárias do Japão, escrevendo "*sorry*" no verso. Deixa contar que teria feito várias tentativas de suicídio depois de noites de pesadelo em que via os queimados de Hiroshima erguerem-se gritando para reclamar justiça.

No entanto, Eatherly poderia ter, sensatamente, dito para si mesmo: "Sejamos sérios; essa história não se sustenta; o que *fiz* realmente? Constatei as condições meteorológicas e dei sinal verde ao piloto que levava a bomba. E agora vou eu carregar nas costas todos esses mortos! Mas, se eu tivesse me recusado a efetuar esse voo, um outro teria partido imediatamente em meu lugar".

Isso não teria feito nenhuma diferença *no real*. "Exceto que era eu." A não ser para mim, obviamente, mas, enfim, nada se teria transformado no mundo e na tragédia. Teriam enviado outro piloto. Então, grande coisa... "Exceto que era eu." Essa diferença que não faz nenhuma diferença, a aposta da moral e da política humanas é afirmar que faz toda a diferença: surgimento do eu indelegável. É esse eu que desobedece.

13. PENSAR, DESOBEDECER. REMETENDO À *REPÚBLICA*

Volto a Platão, é ele quem articula essa aposta do si insubstituível em uma imensa história cuja trama retraço aqui.

Tudo começa na *República* numa noite de festa.[1] É preciso imaginar procissões e danças, as cerimônias e os cantos. Guirlandas de flores, beleza de luzes e de corpos, os templos certamente decorados. Sócrates sai de lá, cansado e sorridente.

Eis a festa: espontaneidade alegre da ordem social, o simples prazer de estarem juntos. O encontro: a sociedade como alegria. Estamos em Atenas, um entardecer de verão: espera-se para a noite uma corrida de cavalos, com tochas. Atenas. A civilização já fez sua obra, e o que ela realiza de melhor se rejubila exibindo-se na música, na luz e na dança.

No entanto, será preciso reconstruir tudo, recomeçar tudo: de onde viemos, por que ficar juntos e como ser si mesmo? Recomeçar da época em que o homem, ele próprio animal incerto, só pensava em sobreviver aos outros animais. E daí até a construção de cidades completas e a definição de um programa das ciências, até as mais complicadas, as mais elevadas. É que assim que pensamos nada nunca está dado. Nada é adquirido, tudo é a interrogar. E a filosofia, afinal, não passa desse pensamento em ato, diante do qual nada se sustenta. Então, é claro, o brilho dos lampiões também se atenuará. Na luz tremulante do pensamento, será preciso refazer o mundo, mais e mais vezes.

Sócrates, no entanto, queria simplesmente ir embora dormir, com o espírito acalentado pelo rumor já um pouco distante das festividades. Mas não, ei-lo calorosamente instado, gentilmente forçado, e lá está ele entrando em uma bela residência para terminar a noite entre amigos. Um velho os recebe, todo

---

1. Deixo-me levar, inspirado aqui pelo belo comentário de Michel Alexandre, em *Lecture de Platon*. Paris: Bordas, 1968.

cortesias. É o proprietário do local, Céfalo. Ancião doce e afável, agrada-lhe ver seus netos receberem a suas custas e passarem noites entre amigos conversando sobre tudo. Imaginemos esse ancião, refinado, os gestos lentos mas seguros. Entre Sócrates e ele, a conversa não dura mais que um relâmpago. Mas é preciso demorarmos mais nesse breve clarão, pois é por meio dele que a noite se aprofunda. Aceitemos então as coisas como elas são, esse trecho de conversa entre um homem maduro e um ancião (328b-331c). Céfalo se faz de sábio diante de Sócrates e faz o elogio da velhice: a serenidade que ela inspira e a vantagem de estar livre das paixões extenuantes do amor... Ao que Sócrates, por jogo, provocação, replica vivamente: mas não é antes tua riqueza, Céfalo, que te ajuda a achar a velhice assim tão doce? Complacência, polidez e alfinetadas. Sou rico, é verdade, responde Céfalo. Mas de que me serviu essa fortuna? Sobretudo para não dever nada a ninguém e para pagar minhas dívidas. Eis o verdadeiro luxo, Sócrates: graças à minha fortuna pude permanecer justo até o fim. Não devo nada a ninguém: sacrifico aos deuses como convém, devedor de ninguém, a todos paguei o que devia. Estou em dia com minhas obrigações, Sócrates.

Minúsculo ponto de inflexão aqui, mas que desencadeará tudo. O bater de asas da borboleta pelo qual *A República*, barca imensa, é lançada. Uma observação incidente desse ancião cordial, confortável em sua fortuna: "Sou justo, pois não devo nada a ninguém". Boa consciência, e toda a satisfação de ter o dever cumprido. Ele não deve nada a ninguém, o livro contábil está encerrado. Boa reputação. Isso seria a justiça: não dever nada.

Grande coisa.

Pois bem, eis aí palavras belas, continua Sócrates. Mas, se um amigo te confia suas armas e um dia regressa, espuman-do de raiva, tomado por um acesso de demência, pedindo-

-as de volta para usá-las contra outro, as devolverás? Diz, devolverás? Quantas coisas devolvemos aos outros? O velho adágio: o justo é devolver a cada um o que é seu. Devolverás as armas ao amigo que enlouqueceu? Devolver o que devemos aos outros: as contas a pagar, as obrigações a cumprir, as conveniências a respeitar. Dívidas, empréstimos, rituais: a justiça como transação liquidada. Justiça puramente legal. Mas e o que devemos a nós mesmos? Nada te impedirá de restituir as armas? Segundo a regra, deves devolver-lhe! Então, devolvê-las-ás?

Mas o augusto ancião educadamente se retira. Vai dormir, Céfalo, velho homem satisfeito. O filho herda a discussão. Afinal, como ele diz, sou seu herdeiro. O pai está satisfeito com a transação que o livra do embaraço. Como se pudéssemos ser dispensados de pensar por nós mesmos! Polemarco tem caráter, é jovem (331c-332b). "Devolver a um amigo suas armas quando ele está em plena loucura não é ajudá-lo. Ao amigo devemos todo o bem possível, e não consideremos aqui regras abstratas!" Eis a justiça viva. Não uma aplicação fria do código: ela é fraternidade, paixão, calor. Dar a cada um, é isso mesmo sempre, mas não segundo regras, convenções: aos amigos fazer todo o bem possível, ser-lhes útil; aos inimigos não lhes passar nada. Dei o que ele merecia! Distribui-se segundo os sentimentos. Imagem do justiceiro, ela inflama a juventude: os amigos socorridos, os inimigos golpeados até a morte. Cada qual só recebe o que merece. Dar a cada um sempre, mas de acordo com o coração. Faço o bem a meus amigos, o mal a meus inimigos. Fazer justiça.

Sócrates sorri, ele aprecia o ardor. Sobretudo, não terá nenhuma dificuldade em desestabilizar essas ingenuidades. Polemarco concorda: difícil reconhecer nossos verdadeiros amigos, o sentimento é enganador. Além disso, será que vamos medir a justiça pela potência? Pois seremos mais ou menos úteis segundo nossas próprias competências e meios. Logo, somos mais justos quando somos mais capazes, quando temos mais meios e mais relações? Mas, vejamos, o amigo doente precisa de um médico. Quando viaja, de um bom piloto. Além disso, o que quer dizer que se *deve* o bem, o mal a esta ou àquela pessoa? Ao outro não se deve todo o bem possível? Justiça não se *faz*. Já seria difícil ter de exercê-la, quanto mais dar justiça, como se dá razão.

 Sócrates, com suas perguntas, gira em torno do jovem. Polemarco tem a cabeça a rodar. Ele hesita. Mas basta. Como um leão na arena, Trasímaco se lança na discussão (336a-347e). Deixemos de trivialidades, é preciso ainda ter o nariz escorrendo para ousar preocupar-se com questões sobre o sentido ou a essência. Pede para tua ama de leite te assoar o nariz, Sócrates. Na tua idade, passar assim as noites nesses discursos ocos como tuas narinas! Quer que eu te diga o que é realmente a justiça? Quer que eu te ensine o que ninguém ousa dizer, mas todos sabem?

 Tenho muita pressa de aprender, porque amo a verdade.

 Para um pouco, Sócrates... Pois bem, tomo a palavra para dizer bem alto o que todos pensam silenciosamente. Por toda parte, o que se chama "justiça" entre os homens é sempre a mesma farsa: o interesse do mais forte travestido em interesse comum. Sempre a mesma história: o forte esmaga o fraco e gostaria que chamássemos essa exploração de cooperação vantajosa para ambas as partes. Justiça é apenas justificação: se não fores tu, então é teu irmão. A justiça é uma cortina de bruma que esconde mal as puras relações de forças. Cada um sempre persegue egoisticamente sua vantagem. A justiça é uma farsa social que só impressiona os ranhosos.

 Essa noite de verão, no entanto tão clara. Lampiões, guirlandas, as vozes que se fundiam alegres e a música. A noite escurece e a verdade atroz do poder se revela por trás da hipocrisia social. Trasímaco inverteu tudo. Parai de falar bobagens e olhai a seu redor: cada um só busca seu próprio proveito. O que se chama justiça é, a partir da ordem estabelecida pelos mais fortes, exatamente um verniz. A santa, a autêntica justiça? Um guizo agitado por paroleiros. Traje de gala. Mostrai-me na longa história dos homens que as coisas se teriam passado de outra forma, dizei-me o que faz nossos contemporâneos correrem, pergunta-te o que eles buscam. A justiça equitativa? A história dá razão ao mais hipócrita, ao mais astuto, ao mais violento. Mente-se, engana-se, ameaça-se, mata-se para tomar o poder. Faz-se respeitar pelo medo. E a ordem produzida é proclamada justa, com o tom solene de costume. Por todo lado a mesma coisa.

A assistência fica petrificada com esse ataque brutal. Áspera franqueza, realismo duro: Trasímaco não se deixa seduzir. Eis o mundo tal como ele é, tende a coragem de olhá-lo de frente, em vez de vos acalentar com discursos inúteis. Mas e se *a verdadeira coragem fosse acreditar?* A verdadeira coragem, dito de outra forma, seria não se deixar desencorajar pelo que sempre volta. Sócrates se recomporá rápido, ele sente ao seu redor cada um disposto a se deixar fascinar por esse fundo de realidade incandescente que Trasímaco traz à tona, retalhando o painel dos discursos.

Rasgar o véu de aparências, fazer ver, por trás das convenções polidas, a brutalidade das relações de dominação. Mas atrás não há outro cenário? Os desmistificadores fazem um jogo ambíguo. Porque a pura relação de forças, o núcleo intransponível das violências, o egoísmo definitivo, tudo isso constitui uma outra fábula que nos contamos. Cada um só busca seu *interesse próprio*, disseram-nos. Mas esse interesse, afinal, o que é? O proveito, a vantagem? Olha um pouco, sustentava Trasímaco, o homem político. Assim que ele chega ao poder, esquece suas promessas, só pensa em aumentar seus poderes.

Sócrates, entretanto, quer aceitar as coisas como elas são. A partir do momento em que exercemos um ofício, a partir do momento em que estamos envolvidos com nossos afazeres, é surpreendente ver como logo não pensamos mais em nós mesmos. Entramos no jogo, e o próprio movimento da arte faz esquecer a busca das vantagens. O médico, quando trata, espera ser pago, mas se apaixona pela doença e tem como ponto de honra curar. O pastor preocupa-se com as ovelhas perdidas, e o piloto usará seu talento para desviar das tempestades. A partir do momento em que queremos fazer bem as coisas, nós as fazemos para os outros. Basta esquecer o próprio interesse. E, depois, a sociedade. Vejo trocas por todo lado, diz Sócrates: palavras dadas, contratos passados supõem a confiança. A pura relação de forças, o reino dos egoísmos são mitos de demagogos: na realidade, os homens, tão logo se juntam, conjugam, pactuam. Mesmo para cometer um crime, os crápulas precisam entender-se. Vemos por todo lado acordos, entendimentos. É certo que são às vezes, e mesmo amiúde, arranjos iníquos, alianças monstruosas, mas o germe de justiça está aí, crescendo assim que os homens fazem sociedade.

Trasímaco replica com mau humor. Silêncio desdenhoso: para que responder-te? Mas ele foi colocado em seu devido lugar.

Sócrates obterá aí, como muitas vezes, um triunfo modesto, sorrindo. Já é tarde, e dessa vez é preciso realmente ir embora. Ele já deveria ter partido há muito tempo. Poderíamos, deveríamos mesmo, parar por aqui. Passar para outra coisa: comer e beber, trazer os músicos de volta, as dançarinas. Dissipadas as opiniões vagas: não, a justiça não consiste em pagar suas dívidas; não consiste em amar seus amigos ou odiar seus inimigos; e tampouco consiste nesse guizo que ressoa oco na mão dos poderosos. É outra coisa, sem dúvida, mas como viver? É a pergunta de Glauco, de Adimanto (357a–367e).

O que se ouviu: hábeis ardis. Mas que vida escolher? Vê bem, Sócrates: de um lado, o injusto coberto de honras e glória, vivendo no luxo, na abundância, cercado de bajuladores; e, do outro, o justo, coberto de opróbio, arruinado e rejeitado por todos. Tua justiça é suficiente para a felicidade? Estamos, dizem os jovens, na aurora de nossas carreiras. Será preciso escolher, chegará a hora dos engajamentos, dos compromissos e dos comprometimentos. Podes muito bem desmontar as opiniões dos outros, mas a única coisa que conta é isto: se a vida do justo vale mais do que a do canalha, demonstra-o. Porque não se disse nada até então: discussões que fazem a cabeça rodar, sim, mas, para o pensamento, nada que se mantenha. Sócrates, a despeito do que dizem os pessimistas ou os ideólogos, é um fato que a justiça é praticada por todo lado. Há sempre gente honesta o bastante para manter o mundo. Mas em que profundidade ela se mantém em nós?

 Sabemos como isso funciona. As regras de justiça (manter a palavra, respeitar a igualdade, não abusar da força contra o fraco) são constrangedoras, mas cada um, feita a reflexão, acaba por encontrar sua vantagem. E é sempre preferível à violência desenfreada. O medo do policial, a preocupação com a boa reputação, o cálculo de utilidade, isso basta para manter as coisas. Eis o sentido do justo. Roubar, matar, enganar, mentir, se ao menos tivéssemos certeza de não ser pegos... Cometer injustiça beneficia; sofrê-la é um dano. E o dano é superior à vantagem. Logo, os homens entre eles inventam a justiça. Todas essas regras, convenções, leis (não roubar, não trapacear, não matar) são arranjos de como viver junto, e a anarquia não beneficia ninguém. Criam-se palácios de justiça, tribunais. Resignamo--nos a não abusar da força, pois nos sairia caro. O medo do castigo nos torna justos. Mas tudo isso só se mantém *no exterior*. A justiça não está no homem, ela se sustenta pela vigilância, os olhares e a pressão dos outros. Aí está toda a justiça, concluem Adimanto e Glauco: uma coerção aceita. É pior que Trasímaco. A justiça não é uma ilusão, é um hábito.

Uma fábula vem ilustrar: será a história do anel de Giges (359b-360d). Quando o engaste do anel é virado para o interior da mão, seu portador se torna invisível. Sonho da impunidade perfeita. Reino da tentação. Giges é o pastor que descobriu o anel e o utilizou para cometer os maiores crimes, numa espiral sem fim. E agora: devemos imaginar Giges feliz? E o que faríamos nós, o que faríamos se não tivéssemos mais que prestar contas senão a nós mesmos? Pois não somos nem vistos nem conhecidos pelos outros: eles não saberão de nada. E a pergunta: quando o anel é virado, sobra alguém para desvirar a injustiça? Sobra alguma coisa quando o corpo não é mais visível, quando o peso dos outros, de seu olhar, não pesa mais? Alguma coisa que brilharia mais forte que o ouro, que seria mais sólida que o diamante. Existe ainda alguém que se mantenha? Consciência: o que devo a mim mesmo e somente a mim. Eu diante de mim, eu sozinho confrontado comigo. Sobra alguém para escolher, decidir, julgar?

Se a justiça tem um sentido, se é algo mais que um hábito social, é o nome dessa força que nos retém perante nós mesmos. Eis a grande aposta que, desde Platão, nos detém: fazer da justiça o que se faz manter reto, perante si mesmo, e não sob o olhar dos outros. Será que nos mantemos perante nós mesmos? Ou então a consciência é só uma boa educação. Esse mito é assustador. Uma vez com o anel no dedo, o que farias? Se esse poder nos fosse dado, Sócrates, quem não se aproveitaria dele? Evaporados os belos discursos na certeza ofuscante da impunidade. Será que sobra alguém? Uma vez livre do olhar dos outros, uma vez por milagre dissolvidas as relações sociais que nos mantêm, uma vez afastado o medo de ser punido, será que sobra alguém para responder ao apelo? Eu mesmo perante mim mesmo, os olhos nos olhos, eu sob meu olhar, que consistência? E se for garantido que evidentemente qualquer indivíduo, uma vez com o anel no dedo, cometeria *tudo*, é porque realmente a justiça é bem-feita. Feita para prevenir cada um contra si mesmo. A não ser que... Mostra-nos, Sócrates, é o pedido desses jovens, como uma súplica, fica conosco, Sócrates, e mostra-nos que a justiça mantém-se em nós e que ela pode ser, de si para si mesmo, um edifício interior. Ou então é técnica de domesticação, cálculo de utilidade, relação social, dissuasão, para corações vazios.

O tempo aqui permanece por um instante suspenso. Mas, enfim, será mesmo preciso que a noite seja tão dura? Para bem responder, diz Sócrates, seria necessário tornar-se construtor de cidades. Pois essa relação de si para si é demasiado tênue. Para torná-la sensível, é preciso fazer com que adquira as dimensões de uma organização social.

Aqui, exatamente, a noite recua, aprofunda-se no mesmo local. E começa em Platão essa narrativa que ainda se nos impõe. Edifiquemos em pensamento uma cidade justa, e veremos formar-se, ampliado, o traçado da justiça interior. Construamo--la em nossos discursos. Façamo-nos demiurgos, encenadores, poetas épicos, e veremos o Justo em caracteres enormes. Não, no entanto, isso não é utopia nem uma demonstração geométrica. É uma experiência de pensamento em conjunto. Ao fim de nossos diálogos, saberemos como viver.

Imagino os primeiros passos (367e-373c). Homens frágeis se reúnem, formando comunidades de ajuda. Nos tempos remotos, assim ocorre: homens se agrupam. Como têm medo, vão encontrar alguma segurança pondo-se lado a lado. Agrupam-se, ajudam-se mutuamente, unem esforços, porque é mais fácil em conjunto. Logo cada um se especializa, seguindo seus talentos próprios. Fulano trabalha o couro enquanto sicrano trabalha a terra, e trocam o fruto de seu labor. Venturas simples e austeras. Eis uma primeira cidade serena, autárquica, que garante a satisfação das necessidades elementares, a reprodução das gerações. Retrato da vida no campo.

A assistência está decepcionada. Esperava uma vibrante descrição da justiça, e se vê com um elogio do trabalho e da sobriedade. Está decepcionada, mas esses passos são decisivos. Há aí um sentido primeiro da justiça como temperança. Não a de vencer as paixões, erradicar os desejos. Mas a ideia de que só controlamos nossos prazeres quando lhes fornecemos a medida do esforço. A fome decorrente do trabalho será mais bem satisfeita. Para além, começa outra coisa: o reino dos desejos vazios. Empanturramo-nos quando comemos sem fome, o repouso sem trabalho torna-se uma preguiça irritante.

O público pede a Sócrates que vá mais longe, a primeira experiência de pensamento é demasiado insípida. Muito bem. Então façamos entrar em nosso plano de cidade o luxo, a cultura e as festas, a ambição e todas as futilidades. Admitamos os poetas e os arquitetos, os intelectuais e os esteticistas. O que vai dar rapidamente na guerra, pois o próprio do supérfluo é que nunca se tem o bastante. Para essa nova cidade, será preciso guerreiros, para proteger da ganância dos outros. Depois do trabalhador, o guerreiro (373d-412b).

O guerreiro é a energia, uma força a ser domada. A paciência dos trabalhadores se forma no labor, pela resistência da matéria. Será preciso, ao contrário, educar os guerreiros. Mas como educar a força? Pela beleza, responde Platão, essa promessa de verdade, beleza do gesto e beleza dos acordes. O trabalho produz corpos resistentes ao labor: mas desgastados, e sua aceitação do sofrimento é próxima da derrota. O corpo do trabalhador suporta, ele reproduz a vida e se resigna lentamente a morrer. Já o corpo do guerreiro se expõe à morte. Corpo das proezas singulares e do belo gesto, do ato nobre voltado para a eterna memória. A ginástica permitirá obter corpos flexíveis, ágeis. Mas não basta. É preciso modelos de vida. É o papel da cultura. A "música" em grego é *musiké*, é a arte das musas. A harmonia desenvolve o senso de uma sinfonia moral: que nossas condutas se componham entre elas, que não haja nada de dissonante entre nossos discursos e nossos atos. E pelo ritmo se abre uma ética da repetição: fender o tempo com intervalos regulares, através da disciplina, como um desafio à inquietação e ao tédio. Mas os gregos chamam "música" sobretudo às palavras cantadas, às histórias recitadas. Platão mostra-se aqui intratável. A cidade deverá controlar essas histórias que se contam às crianças. Não se deixará dizer qualquer coisa, serão rechaçados, se necessário, os poetas. Educar é fazer entrar na alma belas histórias. A ética, profundamente em nós, é nossa parcela de infância. Não somos morais por consciência do dever, inteligência crítica. Somos morais por nos sentir convocados a agir, e é a imaginação das narrativas que sustenta.

Depois do trabalhador e do guerreiro, o sábio. Platão inventa sua história da caverna (514a-521b). Imaginem homens acorrentados, mal podendo mexer-se, atordoados. Eles ouvem rumores, veem formas negras deslizando nas paredes na frente deles. Essas formas são as sombras projetadas de estatuetas que são carregadas e desfilam ao longo do muro. Estranhas procissões; mas, para esses indivíduos acorrentados, incapazes de se mover, o espetáculo do mundo está nessa sucessão de sombras fantasiosas. E é para eles a realidade. Com isso, é preciso compreender que a sabedoria consiste em nunca aceitar as evidências. Pois ainda estamos na caverna, ela é nossa condição imediata. Pensar verdadeiramente é o movimento de sair dela, de corrigir nossas primeiras impressões. Mas preferimos as velhas certezas ao pensamento. Sabemos de antemão, já compreendemos. As sombras das cavernas são as nossas evidências. Assim como adora a evidência, o pensamento ama as grandes ideias e as generalidades vagas. Mas a sabedoria consiste em cada vez julgar em ato. O que quer dizer avançar sem regras nem princípios abstratos, tomando como ponto de apoio apenas o diálogo interior. É nesse sentido que a dialética do sábio ultrapassa as definições e os saberes (531c-533d). Não é que seja uma ciência superior, mas a sabedoria é pensar em ato, na vertical da questão, não agitando as cinzas dos saberes aprendidos, dos dogmas repetidos, das certezas adquiridas.

Eis então o fio dessa história: o retrato dos primeiros trabalhadores, sóbrios e rústicos; a formação dos guerreiros pela ginástica e pela música; por fim, a longa iniciação dos sábios. Temos agora nossas três classes de homens. E, por conseguinte, três virtudes: temperança, coragem, sabedoria. E a justiça, como se vê no livro IV, daí se deduz (434d-435e). Três classes de homens, ou seja, três dimensões de vida: alimentar-se, lutar, pensar. A cidade justa dá a cada qual sua função: o trabalhador para alimentar, prover de bens a cidade; o guardião para proteger; o sábio para dirigir. E a justiça é o princípio dessa composição: cabe a cada um se manter em seu lugar. A cidade é só uma metáfora. Eis o homem: trabalhar, combater, julgar. Manter os desejos em seu lugar, pôr-se a serviço de uma causa, pensar bem. E ser justo é a ordenação de si mesmo. Julgar pela cabeça, manter-se pelo coração, satisfazer-se pela barriga. E que, em cada um, seja sempre o que há de mais elevado que comande. A justiça é o que faz resistir perante si mesmo. Não ceder. E é do interior que eu me mantenho. Se posso manter-me no interior, a fábula do anel não assusta mais. E compreendemos por que o injusto é incapaz de ser feliz. As imagens dos tiranos espojados no prazer não mudam nada aí. Cedendo ao que tem de mais vil, o homem injusto perdeu seu companheiro mais íntimo: ele próprio. E é somente a preço do desprezo secreto de si que ele obtém seus falsos triunfos.

Sócrates conta uma última história, antes da aurora, e é uma pura narrativa das origens: o mito dos pequenos pacotes de vida (613e-621d). Antes de nascer, conta Sócrates, nossas almas, conduzidas a uma pradaria onde estavam amontoados pacotes de vida, foram chamadas para escolher sua existência futura. Ali se encontram a vida faustosa do tirano, a mais austera do filósofo, mais adiante a vida laboriosa do camponês etc. Milhares, milhões de pequenos pacotes de existência de tamanhos e cores variados. Sorteia-se um número, um por vez, cada um se precipita para pegar seu pacote. A decisão se faz sobretudo pelo aspecto externo. Deus, escreve Platão, é inocente. Cada um escolhe livremente, antes de renascer, seu pacote de vida. Depois, feita a escolha, a alma bebe um gole do rio do Esquecimento e renasce para realizar sem falhas essa existência escolhida. Narrativa estranha essa para terminar.

Uma primeira lição do mito é que esquecemos muito rápido que nossa existência é obra nossa. As escolhas convergem e são inclinações repetidas que fazem de nós o que somos. Mas a má-fé faz seu trabalho; e, ao vislumbrá-la como um bloco sobre nossas cabeças, nossa vida parece imposta de fora, razão pela qual esquecemos que sempre escolhemos. Além disso, por sentir o que há no fundo de nosso pacote, aceitamos mal a ideia de que fomos nós que o desejamos. Ainda mais profundamente, a escolha de nosso pacote de vida é o eterno presente. Essa potência livre de escolher a si mesmo, pela qual nossa existência nos é destinada, é sempre tão nova porque não compreendida no espaço e no tempo – daí a pradaria abstrata de antes do nascimento onde florescem, em Platão, esses ramalhetes de existência. O que nos condena nos salva, pois a origem é o eterno presente. Nunca é cedo demais para ser livre, nunca tarde demais, como se diz, para fazer a coisa certa. É sempre agora para escolher, e o passado pesa pouco à luz dessa potência.

A HUMANIDADE
NOS DESLOCA

Esse agora do pensamento é a possibilidade contínua de *desobedecer a si mesmo*.
Ou seja, traição?
Porque resisti mais ou menos até agora dizendo: extraio a força de desobedecer ao outro de uma obediência a mim mesmo.[1] Ou melhor: comando a mim mesmo a obedecer, e esse comando é um confinamento de si consigo, um si soberano, que detém em si próprio a força de decidir, de pôr ordem, de impor hierarquias internas, comandar. Desobedecer é, portanto, supremamente, obedecer. Obedecer a si próprio. Salvo que isso não existe, esse si como consistência. Não sou *ninguém*, o si duro e soberano é um mito. O si indelegável que faz desobedecer não é um refúgio de soberania. É um "dois-em-um", escreve Arendt, uma "relação consigo mesmo", diz Foucault, é a paixão de se descobrir insubstituível quando nos colocamos a serviço dos outros para, não digo "representar" a humanidade, mas *defendê-la*, defender a ideia de humanidade por meio de protestos, recusas claras, indignações, desobediências formalizadas.

É preciso, talvez, ir ainda mais longe e concluir fazendo um último ajuste no pensamento. Esse avanço é, ao mesmo tempo, uma volta, pois trata-se de reencontrar a luz grega, aquela que La Boétie capta como um farol nas trevas das guerras de religião e das repressões de Guyenne, quando ele inventa esse sintagma incrível: vejo-vos obedecer lamentavelmente, mas sabei que ao obedecer constituí-vos "traidores de vós mesmos".[2]
O que é um "traidor de si mesmo"?

1. Ver o capítulo 11, "A obrigação ética".
2. "Que poderia ele fazer se vós não fosseis encobridores daquele que vos rouba, cúmplices do assassino que vos mata e traidores de vós mesmos?" (La Boétie, op. cit., 2002, p. 139 [p. 16]).

– Você não entendeu nada?
– Nada.
– Não entendeu nada das injustiças gritantes, das transações ignóbeis?
– Nada, realmente nada.
– Mentiroso!
A verdadeira traição é quando mentimos a nós mesmos. Obedecer é se fazer "o traidor de si mesmo". Ao final das contas, não obedecemos, ou obedecemos pouco, por medo do outro. Do que temos medo, realmente – o Inquisidor de Dostoiévski o repetirá[3] depois de La Boétie –,[4] é da liberdade, aquela que obriga, que intima, e desencadeia em cada um de nós esse movimento de desobediência que começa por si mesmo.

E qual era a questão de Sócrates senão essa desobediência ética que faz a força das rebeliões e alimenta a *urgência* da resistência? Mais uma vez, Sócrates, o alfa e o ômega, a insistência sorridente do pensamento, aquela que introduz de si para si uma defasagem irredutível. Pensar é se desobedecer, desobedecer a nossas certezas, nosso conforto, nossos hábitos. E se nos desobedecemos é para não sermos os "traidores de nós mesmos".

Sócrates exorta a fazer vibrar em cada um a dissonância harmônica do "dois-em-um" (pensar) ou, ainda, a cuidar de si para descobrir que o si está a serviço dos outros. O cuidado de si, como uma provocação. O que dizia Sócrates ao passante com quem cruzava na praça pública? Meu caro amigo, como és belo, como és culto, como te vejo honrado por todos os lados na cidade. Como te amo, isso me alegra. Mas só uma pergunta, só uma inquietação. Vejo-te aí, respeitado por todos, vejo-te cuidando de

---

3. Ver o capítulo 1, "A inversão das monstruosidades".
4. Ver o capítulo 3, "Superobediência".

tua saúde, de tua fortuna, de tua reputação. Mas diz-me: cuidas de ti mesmo? Esse tempo que passas a te preocupar com teu corpo, com teus bens, com tua carreira não te faz esquecer a ti mesmo?[5] Que si aqui? Que si é esse que não está contido nem nos prazeres, nem nas riquezas, nem nos reconhecimentos sociais? Que si deslocado? a tal ponto que Sócrates chega a dizer: *será que por força de cuidares de teu ego não correrias o risco de te esqueceres?*

É o si da defasagem – a humanidade é o que fundamentalmente nos *desloca* em relação a nós mesmos. É o que nos faz *mancar*: todos filhas e filhos de Édipo. Deslocado, indelegável, insubstituível, você deve cuidar do que só você pode fazer: pensar, julgar, desobedecer e ajudar.

Esse si, esse si indelegável é a aposta da filosofia. A partir de Sócrates, é a aposta insensata, tenaz, relançada até Foucault, passando por Montaigne, Descartes ou Kant. É a aposta de que existe algo como esse si indelegável, que é, ao se descobrir insubstituível para pensar, julgar, desobedecer, o que nos dá acesso ao universal. O que se compartilha de fato não é nem a ignorância nem o saber, é uma exigência de verdade. E essa inquietação que domina, ultrapassa qualquer verdade adquirida, qualquer convicção fossilizada, é a única coisa que verdadeiramente faz comunidade.

É a pergunta socrática: sabes ao menos até que ponto não sabes o que sabes? A ironia é o sorriso do pensamento: estás seguro de pensar o que pensas? Vamos, mais um esforço: cuida de ti mesmo, faz vibrar esse "dois-em-um", faz viver essa palpitação em que consiste a filosofia, essa ressaca do pensamento: sim, não, talvez... E cabe a mim, ao fim das contas, decidir, a mim,

---

5. Resumo aqui, um tanto livremente, o desenvolvimento de Sócrates em sua "Defesa", em 29d-30c.

e cabe a mim responder por essa decisão impossível, necessária, revisável, inquieta. E, na covibração dos sis indelegáveis,[6] encontram-se a urgência e a honra eternas, intempestivas, da verdadeira política, a das desobediências.

---

[6]. O que Vladimir Jankélévitch chama de "plural na primeira pessoa" (*Le Sérieux de l'intention*. Paris: Flammarion, 1983, p. 230).

SOBRE O AUTOR

Frédéric Gros nasceu em 1965 em Saint-Cyr-l'École, na França. Formado pela École Normale Supérieure de Paris, defendeu em 1995 o doutorado em filosofia na Université Paris-Est Créteil (Paris XII), onde lecionou por mais de duas décadas. Estuda a filosofia francesa contemporânea e é um dos maiores especialistas na obra de Michel Foucault da atualidade. Desde 2013, é professor de teoria política no Institut d'Études Politiques de Paris (SciencesPo) e pesquisador do centro de pesquisas políticas da mesma faculdade. Alguns dos temas de pesquisa que mais lhe interessam são os fundamentos do direito de punir, as questões relacionadas à guerra e à segurança e a ética do sujeito político. Publicou, entre outros, os livros *Le Principe sécurité* (2012), *Possédées* (romance histórico, 2016), organizou o quarto volume da série *História da sexualidade*, de Foucault: *Les Aveux de la chair* [*As confissões da carne*], publicado pela Gallimard em 2018. Em português, foram publicados *Foucault: A coragem da verdade* (2002), *Estados de violência: Ensaio sobre o fim da guerra* (2006) e *Caminhar, uma filosofia* (2008).

ÍNDICE ONOMÁSTICO

Abade Pinúfio 74
Abensour, Miguel 48
Adão 70
Adimanto 205-06
Agostinho 68, 70, 73-74, 116
Alain 168
Albert, Joseph *ver* Libertad, Albert
Alexandre, Michel 166, 199
Anders, Günther 113, 116-17, 195-97
Anouilh, Jean 80
Antígona 14, 78-91
Aquino, Tomás de 72
Arendt, Hannah 22, 27, 39, 43, 58, 67, 111-13, 119, 121-22, 129, 140-43, 149-50, 165-66, 178-80, 182-83, 190, 196, 214
Aristóteles 39, 43, 65-66, 70, 98, 171-74, 177
Asch, Solomon 94, 125
Asclépio 165

Balzac, Honoré de 45
Barrès, Maurice 88
Barthélémy, Dominique 40
Bataille, Christophe 31
Bauman, Zygmunt 116
Beaufret, Jean 87
Beaumont, Gustave de 105
Bizot, François 31
Boulet, Michaël 48

Bourdieu, Pierre 65
Brauman, Rony 31, 113, 115, 120, 123
Brecht, Bertolt 80
Browning, Christopher 93
Butler, Judith 81

Calas, Jean 191
Camus, Albert 20
Catarina de Siena 74
Céfalo 200-01
Cervera-Marzal, Manuel 18
Cesarani, David 112-13
Chandler, David 31
Chartier, Émile-Auguste *ver* Alain
Chauvel, Louis 12
Chevreau, Amandine 9
Clastres, Pierre 48-49
Cocteau, Jean 80
Condillac, Étienne D. de 97
Cortanze, Gérard de 9
Creonte 78-81, 83-86, 88-90
Críton 164-67
Cruvellier, Thierry 31

D'Ávila, Teresa 75
Delacampagne, Christian 39
Deleuze, Gilles 40, 57, 107, 135
Delpla, Isabelle 119
Derrida, Jacques 81, 180
Descartes, René 100, 102-03, 216
Detienne, Marcel 174
Diógenes Laércio 102

Donegani, Jean-Marie 16
Dostoiévski, Fiódor 20, 32, 193, 215
Dreyfus, Alfred 191
Duch 31, 120
Dumézil, Georges 165
Durin-Valois, Marc 196
Durkheim, Émile 99
Dworkin, Ronald 150

Eatherly, Claude 195-97
Édipo 5, 78-79, 87, 90, 216
Eichmann, Adolf 31, 58, 110-23
Emerson, Ralph Waldo 146, 148
Epicteto 187-88, 193-94
Esfinge 79
Espinosa, Baruch de 40, 54
Ésquilo 78
Etéocles 78-79, 85
Eurídice 80
Eurípides 13, 78

Ferrarese, Estelle 143
Ferré, Léo 132
Fest, Joachim 122
Figes, Orlando 53
Fontana, Alessandro 43, 72
Foucault, Michel 27, 30, 33-35, 43, 56, 60, 74, 101, 103, 107, 143, 158, 160, 163, 165, 179, 181-83, 214, 216
Fraisse, Geneviève 133
Freud, Sigmund 116, 135

Gandhi, Mahatma 150, 155, 157
Garnier, Robert 80
Giges 171, 206
Glauco 205-06
Goldhagen, Daniel J. 93
Goldman, Emma 132
Graeber, David 40
Grenouilleau, Olivier 39
Guerrier, Olivier 48
Günzel, Detlev 133
Guyenne 49, 214

Habermas, Jürgen 142, 143, 150
Hadot, Pierre 151, 187
Hanson, Victor Davis 174
Hausner, Gideon 112
Hegel, Georg W. F. 81, 84, 186
Heidegger, Martin 81
Heliogábalo 49
Hêmon 78, 80
Hércules 50
Hermes 188
Hiez, David 9
Hilel, o Ancião 158
Himmler, Heinrich 114
Hitler, Adolf 57, 93, 114
Hobbes, Thomas 61, 137, 139, 140, 177
Hölderlin, Friedrich 78, 81, 87
Hugo, Victor 189
Huxley, Aldous 106

Ismene 80, 86

Jankélévitch, Vladimir 156, 192, 217
Jesus Cristo 20-26
João 20
João Cassiano 74
João da Cruz 75
Jonas, Hans 14-15, 111
Juliano 104

Kant, Immanuel 17, 28-30, 101, 116, 152, 160-63, 183, 193, 216
Kantorowicz, Ernst 59-60
Kierkegaard, Søren 81
King, Martin Luther 155, 157
Klaus Eichmann 113
Krafft-Ebing, Richard von 135

La Boétie, Étienne de 48-56, 59-63, 65, 93, 135, 214-15
Lacan, Jacques 80-81, 87
Lagasnerie, Geoffroy de 18
Lamennais, Félicité de 48
Laugier, Sandra 18
Le Blanc, Guillaume 18
Leão Salamínio 167
Lefort, Claude 48
Leroux, Pierre 48
Levi, Primo 9
Levinas, Emmanuel 189, 193-94
Libertad, Albert 132
Lindeperg, Sylvie 110
Locke, John 137, 142
Lutero, Martinho 73

Maquiavel 33, 42, 186
Maris, Bernard 10
Marquet, Jean-François 84
Martin, Jean-Clet 40, 155, 157
Marx, Karl 10, 42, 59, 65
Marzano, Michela 133
Maurras, Charles 88
Mellon, Christian 155
Mendelssohn, Felix 160
Merleau-Ponty, Maurice 165-67
Milani, Lorenzo 178
Milgram, Stanley 123, 125-29
Molière, Jean-Baptiste Poquelin 45
Monsacré, Hélène 9
Montaigne, Michel de 48-49, 55, 100, 216

Narciso 107
Nero 49
Nietzsche, Friedrich 98, 105-07

Ogien, Albert 18
Olson, Mancur 52
Orwell, George 106
Ost, François 78, 80

Paléologue, Théodore 20
Panh, Rithy 31, 120
Pascal, Blaise 100
Pasolini, Pier Paolo 107
Passeron, Jean-Claude 65
Pico della Mirandola, Giovanni 133

Platão 34, 49, 65, 105, 107, 167, 171, 177–78, 182, 199, 206–07, 209, 211–12
Polemarco 201–02
Poliakov, Léon 111
Polinices 78, 85

Rabelais, François 98
Racine, Jean 80
Rawls, John 149, 150
Reclus, Élisée 132
Reich, Wilhelm 9, 114, 121, 123
Rimbaud, Arthur 49, 147
Rotrou, Jean de 80
Rousseau, Jean-Jacques 137–38, 140–41
Roussel, Nelly 132

Sacher-Masoch, Leopold von 135
Sadoun, Marc 16
Sansão 50
Santo Agostinho 69, 72, 193
São Bento 74
São João Clímaco 74
São Lucas 22
São Mateus 22
São Paulo 73
São Pedro 71, 73
Sartre, Jean-Paul 190, 193
Schmitt, Carl 20
Scholem, Gershom 111
Scott, James C. 44
Semelin, Jacques 57–59
Shakespeare, William 179

Sivan, Eyal 31, 113, 115, 120, 123
Sócrates 17, 42, 62, 65, 164–67, 175, 181–83, 199–08, 211, 215–16
Sófocles 78, 84, 87
Steiner, George 78, 80

Thomas, Hélène 133, 140
Thoreau, Henry David 10, 101, 143, 146–58, 160, 163
Thorel, Mathilde 48
Tirésias 80
Tocqueville, Alexis de 105
Tolstói, Liev 155
Tournon, André 48
Trasímaco 42, 65, 202–04, 206

Ustinov, Peter 27

Veyne, Paul 35
Villalba, Bruno 9
Villermé, Louis-René 40

Weber, Max 100, 186
Weil, Simone 51
Wieviorka, Annette 110
Wisliceny, Dieter 111
Wittgenstein, Ludwig 11

Zamiátin, Zamiátin 106
Zancarini, Jean-Claude 72
Zinn, Howard 9, 165
Zossima 194

COLEÇÃO EXIT Como pensar as questões do século XXI? A coleção Exit é um espaço editorial que busca identificar e analisar criticamente vários temas do mundo contemporâneo. Novas ferramentas das ciências humanas, da arte e da tecnologia são convocadas para reflexões de ponta sobre fenômenos ainda pouco nomeados, com o objetivo de pensar saídas para a complexidade da vida hoje.

LEIA TAMBÉM

24/7 – capitalismo tardio e os fins do sono
Jonathan Crary

Reinvenção da intimidade – políticas do sofrimento cotidiano
Christian Dunker

Os pecados secretos da economia
Deirdre McCloskey

Esperando Foucault, ainda
Marshall Sahlins

Big Tech – a ascensão dos dados e a morte da política
Evgeny Morozov

Depois do futuro
Franco Berardi

Diante de Gaia – Oito conferências sobre a natureza no Antropoceno
Bruno Latour

Tecnodiversidade
Yuk Hui

Genética neoliberal – Uma crítica antropológica da psicologia evolucionista
Susan McKinnon

Cet ouvrage, publié dans le cadre du Programme d'Aide à la Publication année 2018 Carlos Drummond de Andrade de l'Institut Français du Brésil, bénéficie du soutien du Ministère de l'Europe et des Affaires étrangères.
Este livro, publicado no âmbito do Programa de Apoio à Publicação ano 2018 Carlos Drummond de Andrade do Instituto Francês do Brasil, contou com o apoio do Ministério Francês da Europa e das Relações Exteriores.

Cet ouvrage a bénéficié du soutien des Programmes d'aide à la publication de l'Institut français. Esta obra se beneficiou do Programa de apoio à publicação do Instituto Francês.

© Ubu Editora, 2018
© Albin Michel/Flammarion, 2017

Coordenação editorial FLORENCIA FERRARI
Assistentes editoriais ISABELA SANCHES e JÚLIA KNAIPP
Preparação LUCAS TORRISI
Revisão RITA DE CÁSSIA e HUMBERTO DO AMARAL
Projeto gráfico da coleção ELAINE RAMOS e FLÁVIA CASTANHEIRA
Projeto gráfico deste título LIVIA TAKEMURA
Produção gráfica MARINA AMBRASAS

Nesta edição, respeitou-se o novo Acordo Ortográfico da Língua Portuguesa

2ª reimpressão, 2021.

Dados Internacionais de Catalogação na Publicação (CIP)
Bibliotecária Bruna Heller – CRB 10/2348

Gros, Frédéric [1965-]
Desobedecer: Frédéric Gros / Título original: Désobéir
Tradução: Célia Euvaldo
São Paulo: Ubu Editora, 2018 / 224 pp. / Coleção Exit
ISBN 978 85 92886 73 8

---

1. Filosofia política. 2. Desobediência.
3. Autoridade política. I. Título.

CDD 320.01   CDU 32:1

UBU EDITORA
Largo do Arouche 161 sobreloja 2
01219 011 São Paulo SP
(11) 3331 2275
ubueditora.com.br

FONTES Edita e Raisonné
PAPEL Alta alvura 90 g/m²
IMPRESSÃO Margraf